Die Autoren

Arnim Butzen, geboren im Weltmeisterjahr 1974, gilt unter Freunden als wandelnde Anekdoten-Enzyklopädie und als der Cristiano Ronaldo der Fußballgeschichten. Der bekennende Bayern München Fan arbeitet im echten Leben an der Vermarktung von Telekommunikations- und TV-Produkten. In seiner Freizeit trainiert er eine Fußball-Jugendmannschaft des TSV Weiß in Köln, in der auch seine beiden Söhne spielen.

Jens Bujar, Jahrgang 1972, war freier Autor und Gagschreiber, unter anderem für die »RTL-Nachtshow« und die »Harald Schmidt Show«. Als Producer und TV-Produzent war und ist er verantwortlich für unterschiedlichste Sendungen, darunter »TV-Total«, »Deutschland sucht den Superstar« und »Das Supertalent«. Sein Herzensverein, über den es eine Menge Anekdoten gibt, ist Preußen Münster.

Arnim Butzen und Jens Bujar

BEIM FUSSBALL GEHT ES NICHT UM LEBEN UND TOD, DIE SACHE IST VIEL ERNSTER!

Die besten Fußballgeschichten
aller Zeiten

Mit Illustrationen von Isabel Klett

WILHELM HEYNE VERLAG
MÜNCHEN

Verlagsgruppe Random House FSC® N001967

2. Auflage
Originalausgabe 04/2020

Copyright © 2020 by Wilhelm Heyne Verlag, München,
in der Verlagsgruppe Random House GmbH,
Neumarkter Straße 28, 81673 München
Redaktion: Gisela Klemt, Wuppertal
Umschlaggestaltung: DAS ILLUSTRAT, München,
unter Verwendung eines Hintergrundes von Shutterstock / EFKS
Satz: Satzwerk Huber, Germering
Druck: GGP Media GmbH, Pößneck
Printed in Germany
ISBN: 978-3-453-60484-1

www.heyne.de

>>Ich kann Ihnen versichern,
dass es noch sehr viel ernster ist.<<

Bill Shankly, Trainerlegende des FC Liverpool
(von 1959 bis 1974)

Vorwort

Der Fußball schreibt wirklich die besten Geschichten. Diese Geschichten sind mal lustig, mal tragisch, mal kurios – und oft sogar absurd. Und wir lieben sie. Da stellt sich die Frage: Was fasziniert uns alle so sehr an diesem Spiel? Leute auf dem gesamten Erdball sind förmlich verrückt nach dieser »Sache«, die es ja überhaupt erst seit 150 Jahren gibt. Es liegt vielleicht daran, dass es eben viel mehr ist als eine Sache. Mehr als nur ein »Spiel«.

Für manche Menschen hat dieser schlichte Sport geradezu den Stellenwert einer Religion. An fast jedem Wochenende weint jemand wegen des Fußballs, entweder aus Verzweiflung oder vor Glück. Ergebnisse oder Meldungen können Freundschaften und sogar den Frieden in Familien gefährden – oder auch kitten. Die Fußball-WM 2018 in Russland haben weltweit insgesamt mehr als 3,5 Milliarden Menschen angeschaut. Deshalb noch einmal die Frage: Woher kommt diese unglaubliche Wucht, diese Kraft, dieses global Verbindende der Sportart Fußball?

Irgendein Schlaumeier hat einmal behauptet, dass nur der Fußball dazu in der Lage ist, die Naturgesetze außer Kraft zu setzen, er entzieht sich sozusagen manchmal der Wissenschaft. Da fliegt ein Ball plötzlich anders, als es die Physik eigentlich erlaubt. David kann dann doch gegen Goliath gewinnen. Und scheinbar verlorene Partien werden in letzter Sekunde tatsächlich noch furios gedreht, wie so manches »Wunder des Pokals« eindeutig bewiesen hat. Unglaublich.

Menschen machen Fehler. Oder sind in bestimmten Momenten einfach genial. Dass Geld keine Tore schießt, sieht ein Mann wie Christiano Ronaldo sicher etwas anders, aber wenn eine Mannschaft aus der zweiten Liga nach dem Aufstieg in die Bundesliga plötzlich Deutscher Meister wird, ist vielleicht doch etwas dran an dem Spruch ...? Am Ende hält uns der Fußball vielleicht aber auch bloß den Spiegel vor: Die da unten auf dem Platz, das sind eigentlich wir! Mal Gewinner. Mal Verlierer. Als Team top. Oder ein Flop. Und die Hoffnung – die stirbt zuletzt. Vielleicht ist das ja das Geheimnis.

Unsere kleine Sammlung von Geschichten erhebt keinen Anspruch auf Vollständigkeit. Aber einen auf gute Unterhaltung. Manche Anekdote kannten Sie vielleicht bereits, doch die allermeisten kennen Sie ganz bestimmt noch nicht. Darum: Staunen Sie. Schmunzeln Sie. Und grübeln Sie auch gern an der einen oder anderen Stelle. Viel Spaß mit den besten Fußballgeschichten aller Zeiten! Es gibt so unendlich viele Helden da draußen ...

Arním Butzen und Jens Bujar

Im Wein liegt die Wahrheit …?

Frankreich und Wein – eine herrliche Kombination. England und Wein? Eher nicht, dachten sich auch die Franzosen, als sie im Jahr 1966 zur Fußballweltmeisterschaft auf der Britischen Insel anreisten. Vor lauter Angst, während des Turniers nur schlechten Wein trinken zu können, brachten die Franzosen kurzerhand 1500 Liter des landeseigenen Weins mit. Vielleicht aber doch keine so gute Idee, denn die Spieler der Equipe Tricolore schienen während der WM das ein oder andere Mal zu tief ins Glas geschaut zu haben. Nach der Vorrunde war für die Franzosen jedenfalls Schluss, es ging zurück nach Hause. Zum guten Wein – à votre santé!

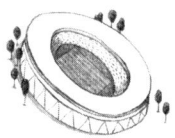

Trash-TV

Was haben Robbie Keane, Carlo Cudicini, David Seaman und David James gemeinsam? Genau, alle vier schafften es, sich beim Griff nach der Fernbedienung ernsthaft zu verletzen. James zerrte sich die Rückenmuskulatur, während Seaman das Kunststück gelang, sich eine Zerrung zuzuziehen, als er den Videorekorder programmieren wollte. Wie auch immer das geht. Ein entlarvendes Zeugnis der Faulheit waren die Verletzungen von Keane und Cudicini: Beide erlitten Knieverletzungen, als sie das Bein streckten, um die Fernbedienung mit dem Fuß aufzuheben. Bloß nicht aufstehen, wenn man einmal gemütlich vorm TV liegt …

Wohltemperiert

Das Klima in Katar wird ja bereits jetzt heiß diskutiert. Viele europäische Fans haben Angst davor, dass ihre Teams bei der WM massive Probleme mit den hohen Temperaturen haben werden. Das ist nichts Neues. Schon früher machte man sich Sorgen über das Wetter an WM-Spielorten, zum Beispiel vor der Weltmeisterschaft 1950 in Brasilien. Die kältegeplagten Engländer versuchten sich folgendermaßen auf die Wärme vorzubereiten: Der Verband mietete eine stillgelegte Flugzeughalle an und ließ diese künstlich beheizen. Zudem sollen die Kicker beim Training dicke Pullover getragen haben. Wir wissen inzwischen, was die gewiefte Vorbereitung gebracht hat: England flog in der Vorrunde raus.

Der schlechteste FIFA-Spieler

Die FIFA-Spiele für Konsolen und PCs von EA Sports sind seit vielen Jahren nicht mehr aus der Welt des Fußballs wegzudenken. Ein besonderes Highlight gab es in der Ausgabe FIFA 18 in Bezug auf den deutschen Zweitligisten FC Erzgebirge Aue. Der Ostklub stellte nämlich mit Tommy Käßemodel den schlechtesten spielbaren Spieler. Kurios dabei: Eigentlich ist dieser gar kein Profi, sondern Zeugwart der »Veilchen« aus Aue. Eine Bundesligaregel besagt jedoch, dass Zweitligisten hierzulande mindestens vier Spieler in den eigenen Reihen haben müssen, die im eigenen Nachwuchs ausgebildet wurden. Drei waren es nur beim den FC Erzgebirge, also wurde kurzerhand Käßemodel mit einem

Profivertrag ausgestattet, denn der hatte als Jungtorhüter in Aue gespielt und passte so ins Anforderungsprofil. In der FIFA-Reihe hatte er mit einem Rating von 46 mit zehn weiteren Spielern den schlechtesten Wert.

Tarnat, du Teufelskerl!

Im September 1999 wurde die bunte Historie der Fußballbundesliga um eine unglaubliche Geschichte reicher. Im Frankfurter Waldstadion traf die Eintracht auf den FC Bayern München, im Kasten des Rekordmeisters stand wie üblich Oliver Kahn. Nach einem Knock-out ging es für den Nationalkeeper des FCB mit schwerer Gehirnerschütterung ins Krankenhaus, sein Ersatzmann Bernd Dreher stellte sich zwischen die Pfosten. Allerdings auch nur für sieben Minuten, denn dann blieb Dreher mit den Stollen im Rasen hängen und riss sich das Kreuzband. Ohne weiteren nominellen Torhüter im Kader war Bayern-Coach Ottmar Hitzfeld zur Improvisation gezwungen. Michael Tarnat streifte sich also beim Stand von 1:0 für die Eintracht Handschuhe und Drehers Trikot über und stellte sich ins Tor – mit Erfolg! Die Bayern gewannen dank zweier Treffer von Giovane Elber und Samy Kuffour noch mit 2:1, Tarnat hielt seinen Kasten mit Bravour sauber.

Ausrede des Jahres

Derry Felton, leidenschaftlicher Anhänger des britischen Klubs Northampton Town, hatte im Jahre 2011 eine ganz persönliche Wette im Stadion laufen: Als der englische Viertligist in der Schlussphase der Partie 0:1 gegen Rotherham hinten liegt, verspricht der damals 18-jährige Felton seinem Sitznachbarn: »Wenn sie jetzt noch ein Tor schießen, gehe ich aufs Feld.« Und wie das manchmal so ist: Northampton gelingt tatsächlich ein Treffer. Felton löst daraufhin sein Versprechen ein. Allerdings »geht« er nicht – dazu man muss wissen, dass Felton gelähmt ist und seit Kindesalter im Rollstuhl sitzt. Und mit dem fährt er nun unter Applaus über das Spielfeld, sogar ein Ordner begleitet ihn auf dem Weg – das dazu gehörige »Flitzervideo« wird ein Klick-Hit auf YouTube. PS: Korrekterweise gab es für diese Aktion keine Strafe vom Klub. Auch das ist eine Form von Fairplay.

Dümmste Ausrede ever!

Das war nicht sein Tag: Der Brasilianer Somalia, Profifußballer bei Botafogo Rio de Janeiro, verschlief 2011 das Saisonauftakttraining seines Vereins. Grund war eine Party am Vorabend, es war ja schließlich der letzte »Urlaubstag«. Um das Verschlafen jedoch zu vertuschen, kam ihm eine Jahrhundertidee: einfach die eigene Entführung vortäuschen, inklusive einer vermeintlichen Freilassung kurz darauf. Und einer Anzeige bei der Polizei, um mit der Story auch wirklich ernst genommen zu werden. Ärgerlich bloß, dass später die Bilder der Überwachungskameras vor seinem Haus ausgewertet wurden. Auf denen war recht deutlich zu sehen, dass der Kicker erst nachts um 4.00 Uhr zu Hause ankam und das Haus um 9 Uhr wieder verließ – ganz ohne Entführer. Mit einer üppigen Spende für Flutopfer konnte der Fußballer später eine Verurteilung abwenden.

Präsidenzfall

Im Dezember 2011 wurde in Bulgarien ein ganz besonderer Mann zum Fußballer des Jahres gewählt, nämlich Bojko Borissow, 44, zu diesem Zeitpunkt der Staatspräsident Bulgariens. Was war passiert? In Wahrheit handelte es sich um eine Protestwahl, die den Ärger darüber sichtbar machen sollte, in welch schlechter Verfassung sich die Nationalmannschaft damals befand. Bulgarien hatte sich seit Jahren für kein Turnier mehr qualifizieren können. Was Borissow zu einem Wahlargument machte: Öffentlich hatte der Präsident gesagt, selbst sein Drittligaverein würde besser verteidigen als die Nationalelf. Und er erhielt dann auch 44 Prozent der Stimmen, deutlich mehr als Dimitar Berbatov, der berühmte Stürmer von Manchester United. Dass

Berbatov am Ende doch den Pokal in den Händen halten durfte, lag daran, dass der Präsident die Wahl nicht annahm.

Nicht im Spiel –
jedoch Tor verhindert

Diese Gelbe Karte hat sich gelohnt, und das ging so: Lok Leipzig spielte gegen Kiel, Leipzigs Ersatztorfrau Griseldis Meißner machte sich gemeinsam mit anderen Einwechselspielerinnen hinter der Außenlinie warm, war also gar nicht im Spiel. Doch als die Torhüterin ihrer Mannschaft einen Ball nicht richtig zu fassen bekommt, greift Meißner beherzt ein. Reaktionsschnell rennt sie auf den Platz und hindert den Ball daran, ins Tor zu gehen. Dafür bekam sie – zu Recht – die Gelbe Karte. Das Tor wurde ebenfalls nicht gegeben. Das Spiel endete 2:1 für Lok Leipzig.

Der »Comebacker«

Patrick Fabian, der seit seiner frühen Jugend die Schuhe für den VfL Bochum schnürt, ist der »Comebacker« schlechthin. Gleich viermal hat sich der Innenverteidiger in seiner Profilaufbahn bereits das Kreuzband gerissen, viermal gelang Fabian das Comeback. Die ersten drei Male – im März 2011 sowie im Januar und Juli 2012 – war es das rechte Knie, im April 2016 dann das linke. Die Ärzte setzten ihm während der jeweiligen Operationen nacheinander eine Semitendinosus-, eine Quadrizeps- und eine Patellasehne ein. Gedanken über ein frühzeitiges Karriereende machte sich Fabian nie. Sein Schicksal teilen übrigens nur wenige Sportler, in Deutschland waren es der Exnationalspieler Jens Nowotny, der seine Karriere mit 33 Jahren beendete, sowie Nia Künzer, die bis zum 28. Lebensjahr durchhielt.

Aufholjagd par excellence

Borussia Dortmund führt zur Halbzeit im prestigeträchtigen Derby gegen den FC Schalke 04 im November 2017 mit 4:0, am Ende eines unfassbaren zweiten Durchgangs schaffen die Königsblauen im Dortmunder Fußballtempel den Ausgleich in letzter Sekunde. Wahnsinn! Nur zwei Wochen später führt der so leidgeprüfte 1. FC Köln im Heimspiel gegen den SC Freiburg zwischenzeitlich mit 3:0 und verliert durch zwei Elfmeter in der Nachspielzeit sogar noch mit 3:4. Nur *eine* Aufholjagd in der Bundesligahistorie ist noch krasser: Nach 53 Minuten führt der VfL Bochum 1848 am 18. September 1976 im heimischen Ruhrstadion mit 4:0 gegen den klaren Favoriten FC Bayern München. Doch dann beginnt die Aufholjagd, Rummenigge, Schwarzenbeck und zweimal Müller sorgen für den Ausgleich, Hoeneß trifft zur Münchner Führung. Zehn Minuten vor dem Ende kann Kaczor noch einmal für die Bochumer ausgleichen, doch in der letzten Minute der regulären Spielzeit sorgt Hoeneß mit seinem zweiten Treffer zum 6:5-Endstand aus FCB-Sicht für die Sensation. Es ist bis heute die spektakulärste Aufholjagd der Bundesligageschichte.

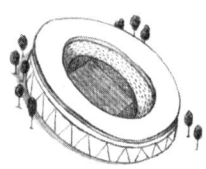

Pickles, der Held

Im Jahr 1966 freut man sich in England auf die anstehende Fußballweltmeisterschaft im eigenen Land. Blöd nur, dass der heiß begehrte WM-Pokal wenige Wochen vor Beginn des Turniers verschwunden war. Für die Gastgeber war der Verlust peinlich, was wäre schließlich das wichtigste Fußballturnier der Welt ohne eine Trophäe für den Sieger? Zum Glück: Eine Woche nach dem Diebstahl bei der Ausstellung »Sport und Briefmarken« in der Central Hall in Westminster war der Dieb gefasst. Edward Betchley, ein 47-Jähriger Dockarbeiter, hatte 15 000 Pfund Lösegeld gefordert, sonst, so drohte er, würde er

den »Cup einschmelzen«. Wo er den Pokal versteckt hatte, verriet er jedoch nicht. Und so musste Scotland Yard warten, bis Pickles kam. Ein Hund mit diesem Namen machte seinen Besitzer David Corbett bei einem Spaziergang auf ein in Zeitungspapier eingeschlagenes Paket unter einem Busch aufmerksam. Und dieser wusste sofort Bescheid. Corbett erhielt 6 000 Pfund Finderlohn, das entsprach damals gut vier Jahresgehältern für einen Fährmann wie ihn – und es war dreimal so viel, wie jeder von Englands Spielern für den WM-Gewinn erhalten sollte. Seitdem ist Pickles ein Superstar im Königreich, 2016 wurde seine Geschichte sogar verfilmt.

Der gekaufte Freispruch

Der brasilianische Nationalspieler Garrincha war der überragende Mann bei der Weltmeisterschaft 1962 in Chile. Nach einer Tätlichkeit und einer darauffolgenden Roten Karte im Halbfinale war er jedoch für das Endspiel gegen die Tschechoslowakei gesperrt. Etliche Hiebe und Tritte hatte Garrincha seinen chilenischen Gegenspielern im Halbfinale versetzt, der Letzte war einer zu viel. Linienrichter Esteban Marino hatte den Schiedsrichter auf die Tätlichkeit aufmerksam gemacht. Doch für die Brasilianer schienen alle Mittel recht, um ihren Helden für das Finale spieltauglich zu machen. Kurzerhand wurde eine Anhörung über die Entscheidung anberaumt, schließlich war Marino der einzige Augenzeuge. Der Belastungszeuge für die FIFA-Disziplinarkommission erhielt am Abend vor der Verhandlung aber ein Angebot der Brasilianer – ein Flugticket in seine Heimatstadt Montevideo, mit ausgiebigem Zwischenstopp in Paris. Die unmissverständliche Botschaft: Marino muss weg, noch in dieser Nacht. Gesagt, getan. Der einzige Zeuge der Tätlichkeit von Garrincha war also zur Zeit der Anhörung auf dem Weg nach Paris, die Rote Karte wurde annulliert, und Brasiliens Final-Hoffnung durfte im Endspiel auflaufen. Vor lauter Aufregung hatte Garrincha zwar nicht schlafen können und stand auf dem Platz völlig neben sich, doch Rudolf Vytlacil, Trainer der Tschechoslowakei, hatte sich verzockt und seine besten Spieler auf den Rotsünder angesetzt. Dessen Teamkollege Amarildo freute es, er konnte vollkommen aufblühen und Brasilien zum 3:1-Finalsieg schießen.

Nicht super getankt

Wer 18 Millionen Euro für einen Spieler ausgibt, der darf durchaus fußballerische Begabung erwarten. Für die Alltagstauglichkeit ist die Höhe der Ablöse jedoch leider kein Gradmesser. Éver Banega, Neuerwerbung vom FC Valencia, brach sich beim Betanken seines Autos den Fuß. Er hatte vergessen, die Handbremse anzuziehen, versuchte noch, den ins Rollen geratenen Wagen zu stoppen – und ließ sich überrollen. Die Folge: sechs Monate Zwangspause für den Argentinier.

»Antenne Akonnor«

Die verrückteste Verletzung, seit es Autoantennen gibt, verdankt die Fußballwelt Charles Akonnor. Der Ghanaer rammte sich seine Autoantenne aus Versehen mit solcher Wucht in die Nase, dass er vier Wochen keinen Fußball spielen konnte. Akonnor vergoldete seine Trotteligkeit, indem er daraufhin Medikamente einnahm, die auf der Dopingliste standen. Drei Spiele Sperre für ihn – quasi als Selbstschutz.

Zu krasser Jubel

Wenn der Co-Trainer der Heimmannschaft den Job des Schiedsrichterassistenten übernimmt, kann es schon mal vorkommen, dass er sich über ein Tor seiner Spieler freut. Vielleicht dezent per Beckerfaust, vielleicht entfährt ihm ein leiser Jubelschrei, oder er klatscht einfach mit dem Tor-schützen ab. Bruno Ferdinand von der SG Elbert übertrieb es im Oktober 2015 nach Meinung des Unparteiischen dann aber doch mit dem Jubeln. Nach dem Treffer zum 2:0 durch Matthias Stera gegen die SG Westerburg wurde Ferdinand vorzeitig in die Kabine geschickt. Im dazugehörigen Live-ticker hieß es: »Bruno F. wirft die Assistentenfahne zu hoch und wird des Platzes verwiesen.« Auf Facebook schrieb der Bezirksligist dazu: »Unser Bruno freut sich halt über jedes Tor. Und das so richtig ...«

TSV Benníngen, deín Freund und Helfer

Februar 2015, der TSV Benningen trainiert als fleißiger A-Ligist für den Rückrundenauftakt. Dauerlauf steht auf dem Programm – und das ist auch gut so. Denn dass die Kicker des TSV fit und aufgewärmt sind, sollte sich an diesem histori-schen Abend richtig lohnen. Gegen 19.30 Uhr bekam die ört-liche Polizei einen Anruf: Ein 22- und ein 25-jähriger Mann sollten in Benningen einen Einbruch begangen haben. Die Ordnungshüter nahmen die Verfolgung auf und jagten die beiden bis zum Sportplatz, wo gerade das Training stattfand. Nach Polizeiangaben beendete schließlich »ein kurzer Sprint und ein beherztes ›Foul‹ die Verfolgungsjagd, sodass die bei-den Flüchtenden anschließend den Polizeibeamten überge-ben werden konnten«. Saubere Grätsche!

»Schiri, Zeit!«

Wie wichtig eine funktionierende Ausrüstung ist, musste Schiedsrichter Ludwig Bauer im August 2015 auf schmerzliche Weise erfahren. Seine Armbanduhr war dem damals 65-Jährigen stets ein treuer Begleiter, in mehr als 2500 Einsätzen verrichtete sie ihren Job einwandfrei. Im Derby zwischen dem SV Gaukönigshofen und dem SV Gelchsheim allerdings wurde die mechanische Uhr mit Sekundenzeiger langsamer – unbemerkt von Schiedsrichter Bauer. Die »Schiri, Zeit!«-Zurufe vom Seitenrand ignorierte er: »Das schreien die immer«, meinte er hinterher. Dieses eine Mal hätte Bauer besser auf die Zuschauer gehört – insgesamt 16 Minuten ließ er »nachspielen«. Bitter: Eigentlich hatte es nach 90 Minuten 0:0 gestanden. In der üppigen Nachspielzeit gelang dem SV Gaukönigshofen jedoch der Siegtreffer.

Der Marathon-Mann

Jan Skorkovsk aus Tschechien lief die gesamte Strecke von 42,195 Kilometern des Prager Marathons am 8. Juli 1990 in 7:18:15 Stunden. Das ist zunächst einmal nichts allzu Besonderes, wäre da nicht der kleine, aber feine Unterschied, dass Skorkovsk dabei ununterbrochen mit einem Fußball jonglierte. Diese Leistung ist umso bemerkenswerter, da die bergige Marathonstrecke von Prag als besonders anspruchsvoll gilt. Von der Start- bis zur Ziellinie hatte der offenkundige Edeltechniker die Kugel mit Füßen, Beinen und Kopf in der Luft gehalten.

300 Meter Kunstrasen weg

Eine ganze neue Masche haben sich Langfinger im Juli 2017 in Soest einfallen lassen. Bei ihrem Einbruch in das örtliche Jahnstadion hatten sie es nicht etwa auf Wertgegenstände, Pokale oder historische Wimpel aus dem Klubhaus abgesehen – sondern auf das heilige Grün. 300 Meter Kunstrasen entwendeten sie zu später Stunde. Nun fehlte den Soestern ausgerechnet die Seitenauslinie. Der Humor ist den Westfalen allerdings geblieben. Ein Polizist kommentierte den ungewöhnlichen Diebstahl gegenüber dem *Soester Anzeiger* wie folgt: »Sollte Ihr Nachbar auf seinem Rasen aktuell ein Fußballfeld einrichten, könnte das verdächtig sein!« Die Stadt Soest musste das fehlende Stück nachbestellen – schließlich sollte der neue Kunstrasenplatz nur wenige Wochen später eingeweiht werden.

Gelb! Rot! Raus die Sau!

Eine Rote Karte hatte Schiedsrichter Jürgen Schmidt bereits gezückt, da musste er noch einmal eingreifen. Ein Flitzer sorgte während der B-Klassen-Partie TV Hettenrodt gegen SG Reichenbach/Frauenberg im Oktober 2015 für eine Spielunterbrechung: Ein ausgewachsenes Wildschwein hatte den Platz gestürmt. Also schritt Schiri Schmidt ein. »Er zeigte der Wildsau die Rote Karte, die prompt den Platz verließ«, berichtete die Nahe-Zeitung nach dem Spiel. Nach der kurzen Verschnaufpause kam Reichenbach/Frauenberg zwar noch zum 1:2-Anschlusstreffer durch Waldemar Sonnengrün. Dabei blieb es dann allerdings auch. Die Gäste hatten einfach kein Schwein.

Schnellstes WM-Tor

In der Partie um Platz 3 bei der Fußballweltmeisterschaft 2002 gelang dem Türken Hakan Sükür der Führungstreffer nach nur 15 Sekunden. So schnell war bei einer WM bis dahin niemand gewesen. Spannend wurde es am Ende trotzdem noch, die Türkei gewann die Partie im Daegu World Cup Stadium nur knapp mit 3:2.

Die Lewandowski-Gala

Dass Robert Lewandowski einer der besten Stürmer der Welt ist, weiß jeder. In einem Spiel aber stellte der polnische Nationalspieler sein unfassbares Können in besonderem Maße unter Beweis. 22. September 2015, Dienstagabend, Englische Woche in der Bundesliga. Mächtig gereizt, weil Trainer Pep Guardiola ihn erst zur zweiten Halbzeit einwechselte, schoss der Angreifer gegen den VfL Wolfsburg, immerhin damals Pokalsieger und Vizemeister, alle Münchner Tore zum 5:1-Sieg. Und als ob das nicht genug gewesen wäre, erzielte er diese fünf Treffer auch noch in einer Rekordzeit von nur neun Minuten, in exakt 539 Sekunden. Lewandowskis Saisontore vier bis acht zwischen Minute 51 und Minute 60 – ein einsamer Rekord. Dieter Hoeneß, der Nächste in der Fünferreihe, brauchte für seine fünf Bayern-Tore gegen Eintracht Braunschweig 1984 immerhin respektable 21 Minuten. Sechs Tore in einem Spiel schaffte bis dato nur der Kölner Dieter Müller beim 7:2 gegen Werder Bremen anno 1977.

149 Eigentore aus Protest

In Madagaskar schoss eine Fußballmannschaft während eines Erstligaspiels im Jahr 2002 aus Protest gegen eine Schiedsrichterentscheidung 149 Eigentore – lupenreiner Weltrekord. Zuvor war es zum Streit zwischen dem Unparteiischen und den Spielern sowie Verantwortlichen des Klubs Stade Olympique l'Emyrne gekommen, die im Anschluss vor lauter Frust nach jedem Anstoß immer wieder ins eigene Tor schossen. Die Partie endete mit einem 149:0-Sieg für den Gastgeber AS Adema, dessen Spieler den Vorgang amüsiert verfolgt hatten, ohne etwas dagegen zu unternehmen.

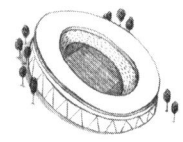

Ba, Ey

In der Geschichte der Bundesliga gibt es viele ungewöhnliche Spielernamen. Zwei Akteure aus der deutschen Fußball-Beletage teilen sich jedoch den Spitzenrang der kürzesten Nachnamen. Lange Zeit hatte Jürgen Ey vom FC Bayern München diesen Rekord inne, doch nach dem Aufstieg der TSG 1899 Hoffenheim musste sich Ey den ruhmreichen Platz mit dem französisch-senegalesischen Stürmer Demba Ba teilen.

Drei Gelbe sind ein Platzverweis

Die Fußballweltmeisterschaft 2006 in Deutschland war ein wahres Sommermärchen. Und auch wenn das Turnier für Josip Šimunić und seine Kollegen der kroatischen Nationalmannschaft nach der Vorrunde vorbei war, so wird sich der damals bei Hertha BSC unter Vertrag stehende Defensivspezialist wohl mit einem Lächeln an die WM erinnern. Schließlich ereignete sich für ihn ein absolutes Novum. Im Vorrundenspiel gegen Australien hatte Šimunić die erste Gelbe Karte nach 62 Minuten gesehen, in der 90. sah er dann den zweiten Gelben Karton – und durfte dennoch weiterspielen. In der Nachspielzeit holte sich der Verteidiger noch eine Verwarnung ab und flog endlich vom Platz. Die peinliche Panne war dem englischen Schiedsrichter Graham Poll unterlaufen, der in der Folge heftige Kritik von FIFA-Präsident Sepp Blatter erntete – und seine internationale Karriere sogleich beendete.

WM für Anfänger

Die erst Fußballweltmeisterschaft fand im Jahr 1930 in Uruguay statt. Lange hatte der Weltverband FIFA nach einem Ausrichter des Turniers gesucht, erst kurz vor Beginn der Spiele wurde mit dem südamerikanischen Land ein Freiwilliger gefunden. Dabei kam es insbesondere rund um das Finale zu einigen kuriosen Anekdoten. Schiedsrichter dieser Partie war der Belgier John Langenus. Er – mit Schildmütze, Krawatte und Samtweste bekleidet – setzte durch, dass alle 60 000 Zuschauer vor Spielbeginn in Montevideos WM-Stadion, das erst während des Turniers fertiggestellt wurde, einer Leibesvisitation unterzogen wurden. Der Unparteiische wusste offenbar, warum. 1600 Revolver wurden eingesammelt.

Kahn und Ballack: Die Lustkiller

Der bekannte Flensburger Erotikkonzern Beate Uhse musste im Jahr 2007 den deutschen Fußballprofis Oliver Kahn und Michael Ballack je 50 000 Euro zahlen. Das Unternehmen hatte über eine Tochterfirma zur Fußballweltmeisterschaft 2006 in drei Geschäften eine »WM-Edition« Vibratormodelle mit den Aufschriften »Michael B.« und »Olli Kahn« angeboten. Nachdem die beiden dagegen geklagt hatten, einigten sich die Streitparteien vor dem Hamburger Landgericht auf einen Vergleich. Die Richter der Pressekammer sahen im Vorgehen des Erotikhändlers eine schwere Verletzung des Persönlichkeitsrechts der Nationalspieler. Wie genau das Unternehmen es bei den Produkten nahm, ist nicht bekannt.

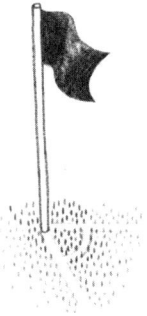

Síng Halleluja!

Tja, früher war eben alles anders. Als der Fußball noch in den Kinderschuhen steckte, nahm man das Thema Fair Play wohl nicht so ganz ernst. Um 1870 herum war es in England nämlich mitunter erlaubt, die gegnerischen Spieler während der letzten fünf Spielminuten zu treten. Diese Phase nannte man »Halleluja«.

Das Dauerderby

Die kleinste Liga der Welt befindet sich auf den britischen Scilly Islands, die rund 25 Kilometer südwestlich von Englands Küste liegen. Hier spielen seit jeher 16 Spieltage lang die Garrison Gunners gegen die Woolpack Wanderers. Alle Partien werden auf dem Garrison Football Field ausgetragen, welches sich auf der Inselgruppe zugehörigen Island of St. Mary's befindet.

Zecke, der Künstler

Andreas Neuendorf, seinerzeit Profi beim Hauptstadtklub Hertha BSC, wollte sich statt seines Nachnamens seinen Spitznamen aufs Trikot schreiben lassen: »Zecke«. Die DFL jedoch verbot dies. Daraufhin malte Neuendorf zwei Bilder, signierte sie mit »Zecke«, versteigerte sie, ließ sich »Zecke« als Künstlernamen in den Personalausweis eintragen – und die DFL musste ihm sein Wunschtrikot gewähren. Das ist echte Kunstfreiheit!

Torhunger

Die meisten Tore in einem offiziellen Länderspiel erzielte seit der Fußballdatenerfassung bisher der Australier Archie Thompson. Beim 31:0 gegen Amerikanisch-Samoa am 11. April 2001 traf der »Aussie« satte 13-mal. Die Partie fand im Rahmen der Qualifikation zur Fußballweltmeisterschaft 2002 im International Sports Stadium von Coffs Harbour statt. Es ist bis heute der höchste Sieg einer Fußballnationalmannschaft im internationalen Wettbewerb.

Es geht um die Wurst

Dieser Deal endete nicht glücklich: Im Jahr 2006 wechselte der Verteidiger Marius Cioara vom rumänischen Erstligisten UT Arad zum Viertligisten Regal Hornia. Der Legende nach für den Preis von ca. 15 Kilogramm Schweinswürsten. Ein Sprecher: »Wir haben eine Wochenration Würste für das Team investiert, um Cioara zu verpflichten, und sind zuversichtlich, dass er den Preis wert ist.« Die anschließenden, nicht aufhören wollenden Wurstwitze in der Presse nervten Cioara zunehmend – und er beendete seine Karriere.

Erfolgreiche Integration

Als der damals 19-jährige Takashi Usami im Jahr 2011 zum FC Bayern München wechselte, sorgte sich der Verein um die Integration des Japaners. So engagierte der deutsche Rekordmeister kurzerhand einen japanischen Landsmann, der ähnlich jung war wie Usami, perfekt Deutsch sprach und extra von Köln nach München umzog. »Er kennt sich mit der Playstation aus, holt Takashi mit dem Auto ab und ist einfach ein Freund«, erklärte Bayern-Sprecher Markus Hörwick seinerzeit den ungewöhnlichen Doppeltransfer. Geholfen hat es Usami bei Bayern nicht – lediglich drei Spiele machte er für die erste Mannschaft. Aber er hatte sich offensichtlich so gut eingelebt, dass er seither über 80 Spiele in der ersten und zweiten Liga hier in Deutschland absolviert hat.

Teurer Titel

Da gewinnt der FC Schalke 04 endlich mal einen Titel, und dann das! Im Jahr 2002 ließ der damalige Schalke-Manager Rudi Assauer den frisch in den Pott geholten DFB-Pokal versehentlich vom Festwagen der königsblauen Feierbande fallen. Der DFB schickte später eine Rechnung für die üppigen Reparaturkosten: mehr als 30 000 Euro.

Platzverweis! Ja, doch!
Na komm! Jetzt aber wirklich!

Wir schreiben das Jahr 2010. Während eines Pokalspiels in Wales sorgt Ricky Broadley für einen unrühmlichen Rekord. Gleich vier Rote Karten bekommt der Mittelfeldspieler der Mountain Rangers in dieser Partie! Alles begann wohl in der 64. Minute, als es auf dem Platz zu einer Rudelbildung kam, in die Bradley »mit beiden Beinen voran« gesprungen sein soll. Völlig nachvollziehbar schickt der Schiedsrichter daraufhin Rick Broadley vom Platz, auch, weil er einem auf dem Boden liegenden Spieler absichtlich ins Gesicht getreten haben soll. Als Broadley die Rote Karte sieht, beschimpft er den Schiri grob. Und der zückte die zweite Rote Karte. Als er anschließend den Unparteiischen mit einem Eimer Wasser übergießt, ist die dritte Rote Karte fällig. Und selbst nach der Partie attackiert er den Schiedsrichter weiter – und sieht zum vierten Mal: Rot.

Top, die Wette gilt!

Geld verdienen kann manchmal so einfach sein! Dass es aber auch anders geht, bewies das Online-Wettportal Intertops im Jahr 2010. Passend zur Fußballweltmeisterschaft in Südafrika bot Intertops nämlich eine extrem kuriose Wette an: Italien unterliegt Deutschland im Endspiel, und der Papst – seinerzeit der Deutsche Benedikt XVI. – trällert in Rom »We are the Champions«. Die Quote: 2000:1 – wäre aber auch zu schön gewesen ...

Falscher Einwurf!

Dumm gelaufen: Matt Le Tissier vom Klub Southampton wettet eigenen Angaben zufolge vor einem Spiel seines Teams gegen Wembley eine hohe Summe darauf, dass der Gegner den ersten Einwurf in dieser Begegnung bekommt. Le Tissier sagte später dazu: »Alles lief nach Wunsch. Wir hatten Anstoß, und ich kam gleich an den Ball und beschloss, lang nach links auf Neil Shipperley zu spielen.« Blöd bloß, dass sein Mannschaftskamerad Shipperley alles dafür tat, den Ball noch zu bekommen, und somit den gegnerischen Einwurf verhinderte.

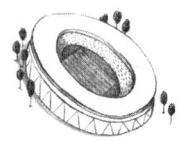

No-Look-Sieg

An der Torwand im ZDF-Sportstudio trat der Fußballer Mulgheta Russom im Jahr 2016 gegen Eishockeynationalspieler Leon Draisaitl an. Russom gewann mit 1:0 – an sich nicht so spektakulär, denn er spielt beim MTV Stuttgart und hatte zu diesem Zeitpunkt schon über 40 Länderspiele absolviert. Doch Russom ist blind. Er nutzte einen mit einer Rassel ausgestatteten Ball, Blindenfußball-Bundestrainer Ulrich Pfisterer gab mit »Hier«-Rufen die Richtung vor. Russom tastete sich in den ersten Versuchen unten schon nah ans Ziel ran. Und versenkte den Ball schließlich oben links. »Ist das geil«, kommentierte Moderator Sven Voss beeindruckt.

Typisch Kreisliga!

Türkiyemspor Mönchengladbach II kam im Jahr 2016 in der Kreisliga C gegen den SV Wickrathberg II zunächst so gar nicht ins Spiel – nach 37 Minuten lagen die Gladbacher mit 0:7 zurück. Anschließend wurde es jedoch verrückt auf der Sportanlage an der Schlachthofstraße. Türkiyemspor schoss stolze acht Tore am Stück, das 8:7 fiel in der Nachspielzeit. Schlusspointe: Die Gäste glichen noch aus. Was für ein Spiel!

Leipzig oder Salzburg?
Hauptsache Red Bull!

Im Jahr 2016 stand Verteidiger Andreas Ulmer bei RB Salzburg unter Vertrag und kam für seinen Klub auch in der Champions-League-Qualifikation gegen den lettischen Vertreter FK Liepāja zum Einsatz. So weit alles klar. Als Ulmer in der Halbzeit sein Trikot wechselte, wurde die Situation etwas ,unklarer': Denn von da an trug er versehentlich das Trikot von Schwesterklub RB Leipzig, das zwar ähnlich aussieht, aber nun mal etwas anderes ist. Dass auf dem Rücken des (Leipzig-) Trikots sogar der Name Ulmers zu lesen war, erklärten die Verantwortlichen von RB Salzburg mit einer Fehllieferung. Aha.

Die Sache stinkt!

März 2016, Kreisligafußball steht an. Und die Spieler des MTV Hesedorf und TuS Nieder-Ochtenhausen wären auch bereit. Aber der vorgesehene Schiedsrichter wird diese Partie nicht pfeifen. Auf seiner Facebookseite sorgt der Gastgeberklub später für Aufklärung der Situation: Offenbar hatte der Unparteiische sich zu sehr am Güllegeruch auf dem von Kuhwiesen umzingelten Platz gestört gefühlt. Dass das Spiel etwas später aber doch noch zustande kam, war einem Ersatzschiedsrichter zu verdanken, der einsprang. Er und die rund 30 leidensfähigen Zuschauer bekamen am Ende leider nur ein mageres 0:0 geboten.

Unfall? Wo?

Knapp eine halbe Stunde vor dem regulären Anpfiff eines Punktspiels klingelte im Oktober 2016 beim SV Inzlingen das Telefon. Am Apparat: ein Vertreter des Gegners vom SV Liel-Niedereggenen, der auf diese Weise die Kreisliga-B-Partie in der Nähe von Lörrach kurzfristig absagen wollte, da es zu einem Autounfall auf der Anfahrt gekommen sei. Zu den genauen Umständen könne man keine Angaben machen, so der Übermittler der Nachricht. Inzlingen stimmt sofort zu. Als jedoch auch später niemand vom Gegner eintraf, wurde man stutzig. Die Gastgeber hakten nach – und das Kartenhaus brach zusammen. Der Unfall war offenbar frei erfunden, weil Liel-Niedereggenen nicht genug Spieler zusammen bekommen hatte, um anzutreten. Der zuständige Verband verhängte eine Geldstrafe in empfindlicher Höhe, die drei Punkte wanderten nach Inzlingen. Was die SVI-Akteure trotz der makabren Aktion aber wohl hat sanftmütig werden lassen: Als Entschuldigung bekam der Klub vom SV Liel-Niedereggenen eine Kiste Bier.

Farbenlehre auf Türkisch

Wer die McDonald's Filiale in der Nähe des Stadions von Beşiktaş Istanbul sieht, dürfte zunächst irritiert sein: Es ist der einzige schwarz-weiße McDonald's weltweit. Und das hat einen guten Grund. Gelb und Rot – die typischen Farben des Imbiss-Giganten – sind auch die Vereinsfarben des Stadt- und Erzrivalen Galatasaray Istanbul. Nachdem es vermehrt zu Anschlägen auf die Filiale gekommen war, verzichtete man wohl vorsichtshalber auf den üblichen Mc-Farbcode.

Die schnellste Rote Karte

Der rasanteste Rotsünder aller Zeiten heißt Walter Boyd vom FC Swansea. Nach unfassbaren »null Sekunden« flog er aus der Partie. Der Rekord ereignete sich im Spiel seines Klubs gegen Darlington am 24. November 1999. In einer Unterbrechung wegen eines Fouls sollte Boyd noch vor dem Freistoß eingewechselt werden. Doch leider landete Boyds Ellenbogen im Gesicht eines Gegenspielers – also noch bevor er überhaupt offiziell im Spiel war. Logische Folge: Rote Karte. Das ging fix!

Gut warm machen!

Das nennt man wohl Slapstick: Während seiner Zeit bei Everton gelang dem britischen Torhüter Richard Wright 2006 etwas kaum Nachahmbares, als er sich (beim Warmmachen!) oberhalb des Fußes verletzte. Er kollidierte bei seinen Auflockerungsübungen ausgerechnet mit einer Schrifttafel, die das Aufwärmen vor dem Tor verbot.

Ein Spiel dauert 45 Minuten.
Manchmal

Zwar durfte sich Fortuna Kölns damaliger Coach Toni Schumacher im Sommer 1999 einige teure Transfers leisten, aber
der erhoffte Erfolg in der 2. Bundesliga blieb aus. Zum Ende
der Hinrunde standen die Rheinländer auf einem Abstiegsplatz. Und gegen Mannheim lag die Truppe am 16. Spieltag
zur Halbzeit schon wieder 0:2 hinten. Das brachte das Fass
bei Fortuna-Präsident und Investor Jean Löring offenbar
zum Überlaufen. Höchst persönlich soll er in der Pause in
die Kabine gegangen sein und zu Schumacher gesagt haben:
»Raus hier! Du hast hier nichts mehr zu sagen.« In der Halbzeit gefeuert – das ist in der Geschichte der ersten und zweiten Bundesliga wohl auch einmalig.

Hokus, Pokus, Fidibus.
7x mal schwarzer Kater

Kommen wir zu einer etwas gruseligen Geschichte: Wir
schreiben das Jahr 1967. Die beiden argentinischen Klubs
Racing Club de Avellaneda und Independiente sind bitter
verfeindet. Nach dem Sieg des Racing Club gegen Celtic Glasgow im Finale des Weltpokals schweben die Racing Fans im
siebten Himmel. Doch die Euphorie währt nicht lange. Der
Legende nach sollen Anhänger des Erzrivalen hinterher sieben schwarze Katzen im Racing Stadion vergraben haben,
um den Gegner mit einem Fluch zu belegen. Mit beängstigendem Erfolg: Geschlagene 35 Jahre wird Racing im An

schluss nicht mehr Meister. Es dauerte Jahre, bis sechs der sieben toten Tiere gefunden wurden. Erst als im Jahr 2001 das ganze Stadion umgepflügt wurde, konnte das Skelett der letzten Katze sichergestellt werden. Ganz plötzlich fand Racing zu alter Stärke zurück, und holte sich noch in derselben Saison den Meistertitel. Unglaublich.

Guter Riecher

Dass Marek Mintal im Jahr 2004 zum Klub wechselte, verdankte der damalige Trainer des 1. FC Nürnberg, Wolfgang Wolf, offenbar hauptsächlich seinem Vermieter. Peter Hammer, der auch mit Autos handelte, hatte Wolf auf den Slowaken hingewiesen, nachdem er diesen im Rahmen einer Dienstreise zufällig entdeckt hatte – und ihn dem Coach Wolf empfahl. Und was für eine Empfehlung das war: Mintal absolvierte 208 Pflichtspiele für die Franken und schoss insgesamt 75 Tore! Höhepunkt der erfolgreichen Zusammenarbeit: der DFB-Pokalsieg 2007. Autohändler haben ihren schlechten Ruf scheinbar völlig zu Unrecht.

La Víola

Der Spitzname des AC Florenz rührt aus dem Jahr 1929 her, und zwar durch einen Zufall. Damals reinigte die Waschfrau die (ursprünglich rot-weißen) Trikots des Klubs im Fluss Arno. Niemand weiß genau, wie fest die Dame dabei geschrubbt hat – doch irgendwann verfärbten sich die Trikots violett, auf Italienisch: »viola«. Seit damals ist dies die Vereinsfarbe – und die AC-Kicker werden »La Viola« genannt.

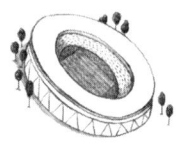

Kein Anschluss unter dieser Nummer

Die Telefonnummer der Geschäftsstelle des spanischen Rekordmeisters Real Madrid ist keine Sache von festem Bestand. Nach jedem Titelgewinn ändert der Hauptstadtklub diese nämlich. Die Nummer setzt sich prinzipiell aus Vorwahl + Anzahl der Meistertitel + Anzahl der Pokalsiege + Anzahl der Europacupsiege zusammen. Und wer die Königlichen kennt, weiß: Bei diesen Titeln verändert sich die Anzahl ja doch recht regelmäßig …

Netto-Spielzeit

Wenn's mal wieder etwas länger dauert ... In der Bezirksliga-begegnung zwischen Dostlukspor Bottrop und dem BW Wesel im August 2007 ließ der Schiedsrichter sage und schreibe 28 Minuten nachspielen. Bereits die erste Halbzeit endete nicht ganz pünktlich, sondern erst nach 58 Minuten. Und auch nach 90 Minuten legte der Unparteiische noch einmal ordentlich etwas drauf. »Ich habe den Standpunkt, dass ein Zuschauer, der Geld für 90 Minuten bezahlt, auch 90 Minuten zu sehen bekommen sollte. Wenn der Trainer der Meinung ist, auf Zeit spielen zu müssen, muss er damit rechnen, dass länger gespielt wird«, erklärte sich der Referee im Anschluss. Das Endergebnis lautete übrigens 4:2 für Wesel.

Die Hose voll

Der Name Gary Lineker ist vielen Fußballfans ein Begriff. Bei der Weltmeisterschaft 1990 in Italien sorgte der damalige englische Nationalspieler für eine unschöne Geschichte, wie er rund 20 Jahre später beim britischen TV-Sender BBC5 gestand. Denn Lineker war im Spiel gegen Irland trotz Magenproblemen aufgelaufen. Es passierte, was passieren musste – der erfolgreiche Stürmer machte sich in die Hose. Gedankenschnell setzte er sich auf den Boden und versuchte zu retten, was zu retten war. Beim nächsten Angriff nutzte er dann ein Stück Rasen, um sich so gut es ging zu säubern. Lineker nahm den Durch... – nein – Vorfall mit Humor und sagte: »Ich hatte Glück, dass es an dem Abend geregnet hat!« Außerdem freute er sich über ungewöhnlich wenig Gegenwehr auf dem Platz ...

Beneventos Kopfballheld

Kommen wir zur Kategorie »Tor des Lebens«: So eines könnte man gut dem italienischen Torhüter Alberto Brignoli zusprechen. In der Saison 2017/18 spielte er in Italiens Serie A für den italienischen Erstligisten Benevento Calcio, der in dieser Spielzeit zwar frisch aufgestiegen war, nach 14 Spieltagen aber noch ohne einzigen Punkt dastand. Dann kam es zum Prestige-Duell mit dem großen AC Mailand. Und dieser Tag war Brignolis Tag! Beinahe in der letzten Sekunde der Partie – und beim Stand von 1:2 – machte sich der Keeper auf den Weg in den gegnerischen Strafraum – und versenkte in der 95. Minute einen Freistoß mit einem spektakulären Flugkopfball im Netz des Gegners. Benissimo!

Zu viel Druck

In der Not … urinieren Keeper an Tribünen? In der englischen siebten Liga im Spiel zwischen Salford und Bradford im Jahr 2017 machte der Torhüter von Saldorf, Max Crocombe exakt dieses. Als der Blasendruck nicht mehr auszuhalten war, pullerte er zum Ende der Partie tatsächlich an den Rand einer Tribüne. Und kassierte dafür die Rote Karte. »Er wurde zweimal gewarnt, es nicht zu tun, und trotzdem hat er es gemacht und gepinkelt«, kommentierte Colin Barker vom gastgebenden Klub Bradford Park Avenue die Aktion.

Jubelnde Pechvögel

Das Eigentor des Jahres 2017 ist an Schönheit kaum zu überbieten. Stellen Sie sich Folgendes vor: Ein Torwart pariert einen Elfmeter. Beim anschließenden Jubel mit dem Teamkollegen über die Heldentat rutscht ihm jedoch die Pille aus den Händen – und rollt doch noch ins Tor. So erging es dem Keeper der zweiten Mannschaft von Büyüksehir Gaziantepspor aus der Türkei tatsächlich. Hier passt der Satz: Zu früh gefreut!

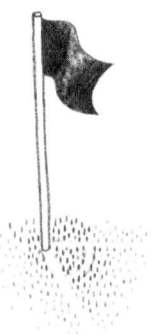

Ein fast lupenreiner Hattrick!

Ein herzerwärmender Hattrick gelang dem Spieler Ryan Colcloughs am 22. November 2017. Als der Angreifer von Englands Drittligist Wigan Athletic im Spiel gegen Doncaster nach 61 Minuten ausgewechselt wurde, hielt sich sein Frust darüber in Grenzen: Der 22-Jährige schmollte danach nämlich nicht auf der Bank, sondern nahm direkten Kurs Richtung Krankenhaus – in den Kreißsaal. Dort kam er rechtzeitig zur Geburt seines zweiten Sohnes an. Riesenfreude. Ob sich Colcloughs an diesem Tag mehr über die Vaterschaft oder seine beiden geschossenen Tore zum 3:0-Sieg seines Teams freute, ist nicht überliefert.

Nothing Toulouse

Radeln für den guten Zweck! Um Geld für unterprivilegierte Kids zu generieren, strampelte sich Fußballfan Kamel Zaroual im Sommer 2017 stolze 1900 Kilometer auf dem Fahrrad durch ganz Frankreich ab. Doch die Strapazen sollten sich lohnen: Aus Respekt für sein Engagement durfte der Spendensammler bei seinem Lieblingsklub Olympique Marseille im Spiel gegen Toulouse höchstpersönlich den Anstoß der Partie ausführen. Aber das reichte ihm noch nicht: Er kickte nämlich nicht bloß an, sondern dribbelte sich einfach immer weiter gen Toulouser Tor, wo er den Ball dann auch noch hübsch versenkte. Sein Torjubel erfolgte – natürlich – wie der eines Profis, indem er sich das Trikot über den Kopf stülpte.

Nackte Motivation

Spezielle Situationen verlangen nach speziellen Maßnahmen: Um seine Mannschaft vor dem Abstieg zu retten und sie maximal zu motivieren, hielt der norwegische Trainer des Erstligisten Vålerenga IF vor der Partie gegen Brann Bergen im Jahr 2017 eine ganz besondere Kabinenansprache – splitterfasernackt. Die Message dabei: Gebt bitte alle euer letztes Hemd in diesem Spiel! Und die Botschaft kam an: Vålerenga IF ging mit 2:1 vom Platz.

Unverwüstlicher Fan

Fest verwurzelt: Beim Resistencia Sport Club aus Paraguays Hauptstadt Asunción gibt es ein eher ungewöhnliches Mitglied – einen Baum. Und der steht auf der Tribüne. Als der Klub im Sommer 2017 sein 100-jähriges Bestehen feierte, sollte auch dem grünen »Eigengewächs« eine besondere Ehre erteilt werden. Kurzerhand nahm man ihn als offizielles Mitglied im Fanklub auf, samt eigenem Trikot und dem Vereinsausweis. Treue lohnt sich eben.

Beşiktaş Berlin

Wussten Sie, dass der große Klub Beşiktaş Istanbul einen kleinen Berliner Namensvetter hat? Genau, nämlich den 1. FC Beşiktaş aus Spandau. Und dort geht es etwas anders zu als in der Türkei, man befindet sich in der untersten Spielklasse, der Kreisliga C. Und dennoch konnte der Klub in der Saison 2016/17 nicht einen einzigen Sieg einfahren. Das Torverhältnis lautete am Ende 34:180. Eine Begegnung im Juni 2017 verlor man sogar mit 0:12 – Beşiktaş gab zur Halbzeit einfach auf. Begründung: Es standen leider nur acht Spieler zur Verfügung, und zwei davon waren zur Halbzeit fix und fertig und konnten nicht weiterspielen. »Wir haben trotzdem Spaß«, resümierte Trainer Bünyamin Taskaya nach der dieser verkorksten Saison.

Fly away!

Oktober 2017: Im Londoner Wembley-Stadion findet das WM-Qualifikationsspiel zwischen England und Slowenien statt. Zugegeben, kein mitreißendes Spiel. Einem Fan wurde es während des Kicks auf dem Rang scheinbar dermaßen langweilig, dass er einfach mal einen Papierflieger bastelte und ihn Richtung Spielfeld fliegen ließ. Man ahnt es bereits: Das Flugobjekt suchte sich tatsächlich den Weg in ein Tor – es war der erste Treffer des Abends.

Der Fußballclan

Dass im beschaulichen Niederndorf (Nordrhein-Westfalen) im Jahr 2017 zu einem Spiel der Kreisliga D plötzlich viele Kamera- und Radioteams vorbeikamen, hat einen guten Grund: Die elf Trikots der Heimmannschaft hatten alle den gleichen Namen auf dem Rücken. Doch wie kam es dazu? Aus einer Bierlaune heraus hatte das Team beschlossen, dass in der Partie gegen den 1. FC Littfeld II nur Spieler mit dem Nachnamen Uebach auflaufen sollten. »Ein, zwei Uebachs hatten erzählt, dass sie so gern noch einmal mit ihren Söhnen auf dem Platz stehen wollten«, sagte Trainer Enno Mitrach später. Und die Mission schien aufzugehen: Immerhin gab es ja 37 Personen mit diesem Namen, die Vereinsmitglieder waren. Die Väter, Brüder, Neffen und Söhne der SpVg Niederndorf siegten dann sogar mit 11:3. Im Nachhinein konnte die Partie jedoch nicht gewertet werden, weil nicht alle Uebachs spielberechtigt waren. Zu schade. Aber eine tolle Geschichte für das nächste Familientreffen ist es allemal.

Cacau for President

Dass Cacau, der mit bürgerlichem Namen Claudemir Jerô-
nimo Barreto heißt, nicht nur ein toller Fußballer, sondern
auch ein hochsympathischer Mensch ist, konnte der in Brasilien geborene ehemalige deutsche Nationalspieler nicht
nur während seiner Zeit beim VfB Stuttgart und im Dress
des DFB unter Beweis stellen. Durch seine offene und lustige
Art gewann er die Herzen vieler Fans im Sturm – und das
nicht nur aus Stuttgart, wo er über elf Jahre lang spielte.
Das ging sogar so weit, dass er in seiner Heimatstadt Korb
einmal sechs Stimmen bei der Bürgermeisterwahl erhielt,
obwohl er gar nicht kandidiert hatte. Das ist nicht nur laut
Kommunalwahlrecht in Baden-Württemberg erlaubt, sondern auch noch einfach stark.

London Calling

Die meisten Länderspiele an einem Tag am selben Ort gab
es am 6. Februar 2007 in London. In der englischen Mil-
lionenstadt wurden gleich vier Länderspiele in verschiedenen Stadien der Metropole ausgetragen. England war
übrigens an keinem dieser Spiele beteiligt. Hochklassigen
Fußball sahen die Fans trotzdem, größten Unterhaltungswert dürfte das Duell zwischen Brasilien und Portugal gehabt
haben …

Cantona out!

Nach seinem Kung-Fu-Tritt gegen einen Zuschauer im Jahr 1995 berief Eric Cantona, Star von Manchester United, eine Pressekonferenz ein. Auf der sprach er diesen einen Satz: »Die Möwen folgen dem Fischkutter, weil sie glauben, dass die Sardinen wieder ins Wasser geworfen werden.« Dann stand er auf und ging. War ja auch eigentlich alles gesagt.

Abbruch, Amen

Spiele werden ja aus den unterschiedlichsten Gründen abgebrochen. Einen besonders traurigen Anlass hierfür gab es Anfang April 2005 in Polen. Die Partie der beiden Vereine Lech Posen und Pogoń Stettin wurde in der 28. Spielminute abgebrochen, da der Papst im Sterben lag. Tatsächlich starb Karol Józef Wojtyła, bekannt als Papst Johannes Paul II., der in seiner Jugend selbst ein begeisterter Torwart und später Ehrenmitglied bei Schalke 04 war, nach tagelangem Todeskampf am 2. April in Rom.

Elchtest

Der norwegische Fußballer Svein Grøndalen musste in den 1970er-Jahren ein Länderspiel absagen, weil er bei seiner freizeitlichen Joggingtour mit einem Elch zusammengestoßen war. Klassische ortstypische Verletzung ...

Chíla- wer?

Suspendierungen und Sperren gehörten ebenso zum großen Repertoire des José Chilavert wie Tore. Schwarz oder Weiß, dazwischen gab es bei dem dreifachen Welttorhüter aus Paraguay nur selten etwas. Denn wenn der Furcht einflößende ehemalige Stammkeeper der paraguayischen Nationalmannschaft nicht gerade damit beschäftigt war, eines seiner über 60 Tore per Elfmeter oder Freistoß zu erzielen, konnte es schon einmal ungemütlich werden – sowohl für Gegner als auch Teamkollegen. Als Keeper von Real Saragossa ohrfeigte er Mitspieler und beleidigte seinen Trainer, um seinen Rauswurf zu provozieren. Später wurde er für drei Monate auf Bewährung verhaftet, weil er einen Platzwart verprügelt hatte. Und auch die Bosse des FC Bayern kamen nicht ungeschoren davon, als sie durch eine Zahn-OP bei Chilaverts Landsmann Roque Santa Cruz für dessen Ausfall bei einem wichtigen Länderspiel sorgten. »Nazis«, meinte der Skandalkeeper in Richtung Hoeneß und Konsorten. Sympathischer Kerl ...

Halbes Tor reicht!

Brasilien, 1940er-Jahre. Im Bundesstaat Paraíba kommt es zu einem wohl einmaligen Ergebnis. Als es beim Stand von 0:0 einen Strafstoß zugunsten der Heimmannschaft gibt, passiert etwas Kurioses: Der Schütze nimmt Anlauf und zieht ab. Bis hierher ganz üblich. Dass jedoch bei diesem Schuss die Naht des von Hand genähten Balls reißt, ist eher unüblich. Und dass dann auch noch die Luftblase des Balls im Tor landet, aber die Lederhülle nicht, ist sogar sehr ungewöhnlich. Ein kniffliger Job für den Referee. Am Ende entscheidet er tatsächlich auf einen halben Treffer. Unglaublich. Da jedoch (zum Glück) bis zum Abpfiff kein weiterer Treffer mehr fiel, ging die Begegnung am Ende 0,5:0 für das Heimteam aus – und in die Geschichtsbücher ein.

Brasilianische Alkoholeskapaden

Es gab viele Eskapaden in der Karriere des brasilianischen Angreifers Edmundo. Dass er im Jahr 1999 während seiner Zeit beim AC Florenz in der entscheidenden Phase der Saison, in der sein Team um den Gewinn der italienischen Meisterschaft spielte, nichts Besseres zu tun hatte, als zum

Karneval in die Heimat zu fliegen, ist dabei noch harmlos. Schwerer ins Gewicht fiel da schon, dass Edmundo einmal einen ganzen Zirkus bestellt hatte, um seinem Sohn zum Geburtstag eine Freude zu bereiten – um dann einen Zirkusschimpansen mit Bier und Whiskey abzufüllen. Überhaupt nicht mehr lustig war aber, dass der Brasilianer einmal im Suff einen Unfall verursachte, der drei Menschen das Leben kostete. Und das war nicht das einzige Mal, dass er im Knast landete.

Der Härteste

Mean Machine – die Kampfmaschin«, Bulletproof Gangster, Blood of Redemption. Drei Filme, in denen der Exprofi Vinnie Jones nach seiner aktiven Karriere als Schauspieler mitwirkte. Hinzu kommt Soccer's Hard Men, ein von ihm und anderen Rüpeln kommentiertes Video, das der Waliser 1992 auf den Markt brachte – eine Sammlung brutaler Zweikämpfe. Wie Jones auf dem Platz so war? Nun ja, da gab es im Jahr 1986 Tottenhams Gary Stevens, der, obwohl schon mit den Händen und Füßen auf dem Boden, mit Anlauf von Jones umgemäht wurde und aufgrund der dabei entstandenen Verletzungen seine Karriere vorzeitig beenden musste. Ein ganz friedliches Kerlchen …

Riegel-Rudi

Rudolf »Rudi« Gutendorf ist ein Fußballtrainer der ersten Stunde. In der Debütsaison der Fußballbundesliga 1963/64 betreute der ehemalige Rechtsaußen den Meidericher SV (später MSV Duisburg) – und machte immer wieder durch kuriose Aktionen auf sich aufmerksam. Sensationell waren nicht nur das Abschneiden seines Teams mit Rang zwei in der Abschlusstabelle und die starke Defensive. Nur 36 Gegentreffer kassierte seine Mannschaft in der Saison, die Taktik brachte ihm den Spitznamen »Riegel-Rudi« ein. Sensationell auch die Trainingsmethoden und Entscheidungsfindungen des Trainerfuchses: Seine Spieler ließ Gutendorf gern morgens um halb sechs vor den Meidericher Zechentoren joggen, um sie sehen zu lassen, »wie früh andere Leute arbeiten gehen müssen«. Und war einmal nicht klar, wer für das nächste Spiel in die Startelf rücken sollte, ließ der gebürtige Koblenzer die Akteure einen Abschlag vom Fünfmeterraum schießen – wer weiter kam, stand in der ersten Elf. Ach, wäre es doch heute noch so einfach ...

Transferwahnsinn

Früher war alles besser! Alter Spruch, immer wieder gern zitiert. Und gerade im Hinblick auf die jüngsten Entwicklungen in Sachen Transfers wohl aktueller denn je. Aber auch früher ging es schon kunterbunt zu – nur die Summen waren eben andere. Eine besondere Geschichte ereignete sich im Falle des jungen Gerd Müller. Genau der, der später fast

400 Bundesligatore für den FC Bayern München schoss, in nur 62 Länderspielen für Deutschland 68 Treffer erzielte und uns 1974 zum Weltmeister machte. Zehn Jahre zuvor wäre Müller beinahe beim TSV 1860 München gelandet. Die Vertragsunterschrift war eigentlich nur noch Formsache, Vertreter der Münchner Löwen wollten bei den Müllers daheim vorbeischauen und den Transfer eintüten. Doch da kamen andere Münchner zuvor: Herr Fembeck und Herr Sorg vom FC Bayern besuchten Müller plus Familie vor den TSV-Verantwortlichen, legten einen Vertrag über 5000 Mark Handgeld und 500 Mark Monatsgehalt vor, und der junge Stürmer unterschrieb.»Ich saß also da und dachte, ich hätte bei 1860 München unterschrieben. Die Herren verabschiedeten sich und wollten aus der Gartentür gehen«, erinnerte sich der Bundesligarekordtorjäger. Just in dem Moment schellte es an der Haustür – und dort standen die Herren vom TSV 1860. Zu spät, der FC Bayern hatte Müller bereits unter Vertrag genommen.

Prickelbrause
in der Pause

Derbyzeit ist die schönste Zeit. Das gilt auch und ganz besonders für das Ruhrgebiet, wo mit dem BVB und dem FC Schalke 04 in aller Regelmäßigkeit zwei Vereine die Mutter aller deutschen Revierderbys austragen. Ein besonderer Derbyjahrgang war die Saison 1964/65: Bereits nach 36 Minuten stand es auf Schalke schon 6:0 für Dortmund, der »kicker« verglich das Auftreten der Schwarz-Gelben mit einer »verheerenden Naturkatastrophe«. Gut, am Ende betrieben die Königsblauen noch Schadensbegrenzung, Endstand war

6:2 für die Dortmunder. Laut dessen Trainer Hermann Eppendorf habe man »verhalten gespielt, um uns zu schonen.« Die ganze Wahrheit sah aber etwas anders aus – schließlich hatten die Dortmunder Spieler bereits in der Halbzeit eine Flasche Sekt auf den Derbysieg geleert.

Minuskulisse

Die Bundesliga begeistert Millionen, Spieltag für Spieltag füllen heutzutage Abertausende Fans die Stadien und Arenen im gesamten Bundesgebiet. Das war aber auch mal anders! Für einen traurigen Negativrekord sorgte in der Saison 1965/66 der SC Tasmania 1900 Berlin. Gut, für sämtliche weitere Rekorde wie schlechteste Punkteausbeute, meiste Gegentreffer oder Heimniederlagen waren die Hauptstädter schon bekannt. Dass Tasmania aber auch das Bundesligaspiel mit den wenigsten Zuschauern stellt, war bis dato nicht zu erwarten gewesen. Am 15. Januar 1966 sahen lediglich 827 Anhänger das Duell gegen Borussia Mönchengladbach – heute wäre das selbst für die Oberligisten der Republik eine beschämende Zuschauerzahl.

Leg dich nicht mit Timo an!

Es ist die bis heute längste Sperre, die einem Bundesliga-profi verhängt wurde: In der Saison 1966/67 war es Timo Konietzka, der im Trikot von 1860 München im Spiel gegen seinen Exklub Borussia Dortmund mal so richtig ausrastete. Nach einer Entscheidung von Schiedsrichter Max Spinnler, die nicht nach dem Geschmack Konietzkas war, stieß dieser dem Unparteiischen vor die Brust, warf dessen Pfeife auf den Boden, trampelte darauf herum und trat Spinnler zum Schluss noch vor das Schienbein. Die Folge: sechs Monate Zwangspause für den »Sechzger«! Und woher kam dieses Verhalten? Na klar, von Mutter Emma! Die hatte früher auf dem Bolzplatz schon immer die Gegner der drei Konietzka-Brüder mit dem Regenschirm verdroschen, wenn diesen un-recht getan wurde. Der Apfel fällt nicht weit vom Stamm ...

Der Kommissar

Die Zeiten, in denen Fußballer einen Nebenjob ausüben mussten, sind längst Geschichte. Der Letzte seiner Art hat die Schuhe aber erst vor kurzer Zeit an den Nagel gehängt. Nun gut, von »müssen« kann bei Fabian Boll keine Rede sein. Aber der Exprofi vom FC St. Pauli war eben nicht nur Fuß-baller, sondern nebenbei auch Polizist. Von 1999 bis 2002 absolvierte Boll seine Ausbildung, danach brachte er es bis zum Kriminaloberkommissar. Ab 2002 machte er bei dem Hamburger Kultklub so ziemlich alles mit, was ging: 3. Liga, Aufstiege in die zweite Bundesliga und die Erstklassigkeit,

Pokalsensation (als Drittligist im Halbfinale), Ausbau des Kultstadions am Millerntor, Beinahepleite. Und nebenbei eben halbtags das Dasein als Polizist. 20 Stunden pro Woche arbeitete Boll neben all den Verpflichtungen als Pauli-Profi auf der Wache in der norddeutschen Metropole. »Damit ich weich falle, wenn es mit dem Fußball nicht klappt«, sagte Boll einmal. Es hat geklappt, im Jahr 2014 beendete er dann die aktive Karriere bei seinem FCSP. Nun ist Boll Vollzeitpolizist. Und Kult auf St. Pauli ist und bleibt er sowieso.

Schleudersitz Trainerbank

Wenn es nicht läuft im Fußball, dann ist ein beliebter Schachzug der Führungsetage ein Trainerwechsel. In der Saison 1968/69 war die Rotation bei Borussia Dortmund besonders hoch – gleich vier Chefs beschäftigten die Schwarz-Gelben innerhalb einer Saison an der Seitenlinie. Gut, der erste Trainerwechsel war noch tragischen Umständen geschuldet, schließlich war Oswald Pfau an einem Herzinfarkt gestorben. Sein Nachfolger war Jockel Bracht, der später durch den ehemaligen Meistertrainer Helmut Schneider ersetzt wurde. Dieser machte sich aber durch altmodische Methoden unbeliebt und brachte die Spieler so gegen sich auf, sodass nach nur rund drei Monaten mit Hermann Lindemann die Nummer vier das Kommando übernahm – und der sicherte dem BVB glatt den Klassenerhalt. Übrigens: Noch einen drauf setzte in der Saison 2017/18 der Zweitligist VfL Bochum! Bereits vor Saisonstart entließ der Revierklub Cheftrainer Gertjan Verbeek, es übernahm der Youngster Ismail Atalan. Weil der keinen Erfolg brachte, war – Obacht, Parallele zum ungeliebten Nachbarn aus Dortmund – ebenfalls nach nur drei Monaten Schluss. Der bis dato für die U19 zuständige Coach Jens Rasiejewski sollte den Karren aus dem Dreck ziehen. Doch als die Luft im Tabellenkeller auch für den Exprofi immer dünner wurde, sägte die Vereinsführung ihn ebenfalls ab. Für ein Spiel übernahm Co-Trainer Heiko Butscher, ehe mit Robin Dutt der fünfte Coach innerhalb einer Spielzeit an die Castroper Straße geholt wurde. Verrückter Fußball!

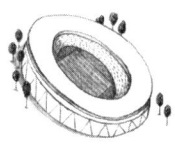

Keeper, wechsle dich

Seit jeher ist die Torwartfrage eine der spannendsten in einem Kader – es gibt eben immer nur einen Platz auf dem Feld! Eine ganz eigene Lösung für das Problem fand in der Saison 1968/69 die Hertha aus Berlin. Deren Trainer Helmut Kronsbein beschloss nämlich kurzerhand, dass seine beiden Torhüter Volkmar Groß und Gernot Fraydl sich von Spiel zu Spiel abwechseln sollten. Was wiederum die Defensivspieler der Hertha vor Probleme stellte. Schließlich wussten diese, dass bei Einsätzen von Fraydl aufgrund dessen schwächerer Strafraumbeherrschung ganz besonders bei hohen Bällen in den Strafraum Vorsicht geboten war. Wohingegen man bei Partien mit Groß im Kasten eher die Köpfe einziehen musste. Das Wechselspiel funktionierte übrigens ganz gut, mit 39 Gegentoren stellten die Berliner am Saisonende die drittbeste Abwehr der Bundesliga. Heute wohl dennoch undenkbar ...

Rausch und der Köter

Es ist eine der beliebtesten und meist erzählten Geschichten der Fußballbundesliga: Friedel Rausch und der legendäre Biss eines Schäferhundes ins Gesäß. September 1969, es läuft das Revierderby zwischen Borussia Dortmund und dem FC Schalke 04. Weil Hunderte Zuschauer das Spielfeld stürmen, werden Hunde ohne Maulkorb losgelassen, um die Massen wieder zurück auf die Ränge zu lotsen. Doch anstatt sich den Fans der rivalisierenden Ruhrgebietsvereine zu widmen, beißt sich ein Tier im Allerwertesten des Schalke-Spielers Rausch fest. Schlimmer als die Schmerzen und die anschließende Ausfallzeit der späteren Klublegende sollten aber die Schmähungen sein, die er nach dem kuriosen Vorfall auf und neben dem Platz zu hören bekam. Doch seinen Humor verlor Rausch nicht: Auf die Frage, was gewesen wäre, wenn der Hund ihn vorn herum gebissen hätte, antwortete der gebürtige Duisburger: »Dann hätte der Köter seine Zähne verloren ...«

Rot? Watt?

Ein Missverständnis mit verheerenden Folgen gab es 2018 in der englischen Liga während der Partie Hemel Hempstead gegen East Thurrock. Hempstead-Spieler Sanchez Watt sollte dabei vom Schiri wegen Ballwegschlagens eigentlich bloß verwarnt werden. Stressig wurde es erst, als der Referee nach dem Namen des Spielers fragte. Völlig korrekt antwortete dieser zwar mit »Watt!«. Wer des Englischen mächtig ist, weiß, dass hier aber Raum für Missverständnis liegt, denn

»What« (zu deutsch »Was?«) klingt leider identisch. Watts Pech war, dass der Unparteiische diese Antwort als Provokation empfand und er die Verwarnung spontan in eine Rote Karte verwandelte. Erst als ein Mannschaftskollege von Watt die Situation aufklärte, revidierte der Unparteiische seine Entscheidung. Wer nun glaubt, dass so etwas bei uns nicht passieren könnte, sollte mal an die Namen der Profis Marco Sau, Miroslav Penner oder Julian Schieber denken ...

Moneten als Motivation

Als sich die Bundesligasaison 1970/71 dem Ende entgegenneigte, kam es im Kampf um den Meistertitel zum Showdown zwischen dem FC Bayern München, der am letzten Spieltag beim MSV Duisburg auflaufen musste, und Borussia Mönchengladbach. Die Borussia, die punktgleich mit dem FCB dank des besseren Torverhältnisses auf Rang eins stand, hatte es mit Eintracht Frankfurt zu tun. In der Mainmetropole setzte sich die Fohlenelf souverän mit 4:1 durch und durfte die Meisterschaft bejubeln, da die Münchner zeitgleich beim MSV verloren. Doch an der Wedau ging es dabei kurios zu: Bereits vor dem Anpfiff verkündete der Duisburger Stadionsprecher, dass jeder Spieler der Zebras im Falle eines Sieges 2000 Mark Prämie aus Mönchengladbach kassieren würde. Angestachelt von Kohle und aufgeheiztem Publikum führten die Gastgeber mit 2:0, als das Spiel unterbrochen werden musste. Fans – darunter augenscheinlich auch Gladbacher Anhänger, hatten das Feld gestürmt und FCB-Keeper Sepp Maier verletzt. Der klagte darüber, umgerannt und geschlagen worden zu sein. MSV-Betreuer Jasbert hingegen sah ganz klar, dass der Kaiser höchstpersönlich, Franz Beckenbauer, seinem Schlussmann ein Signal gegeben hatte, sich fallen zu lassen. Eine eindeutig uneindeutige Szene, die am Ende aber egal war, denn die Meisterschale ging so oder so an den Niederrhein.

»Lizenzspieler oder Bauarbeiter?«

Es steht 1:1-Unentschieden im Heimspiel der Saison 1970/71 der Borussia aus Mönchengladbach gegen den SV Werder Bremen, als ein lautes Knacken über den Bökelberg hallt. Wenige Minuten vor Spielende fällt Gladbachs Laumen ins Tornetz, der hölzerne Pfosten gibt nach und bricht. Der DFB urteilt hart und wertet die Partie später am Grünen Tisch aufgrund »schuldhaften Herbeiführens eines Spielabbruchs« mit 2:0 für Werder, woraufhin die Borussia-Profis einen offenen Brief verfassen. Darin beschweren sie sich, dass sie keine Schuld treffe, wenn städtische Mitarbeiter ihrer Pflicht nicht nachkämen, spieltaugliche Tore aufzustellen. »Sind wir Lizenzspieler oder Bauarbeiter?«, fragten die Fohlen vom Niederrhein sarkastisch. Übrigens: Laumen wechselte nach der Saison zum damaligen Gegner aus Bremen. Sicher ein Zufall.

Treffsicherer Chef

Wie man sich im Verein besonders beliebt macht, zeigte der Sportchef vom Malmö FF im Jahr 2006. Er schoss der finnischen Legende Jari Litmanen im Zuge einer Feierlichkeit gekonnt und gezielt einen Sektkorken ins Gesicht, was bei diesem zu einer Netzhautverletzung und einer mehrmonatigen Spielpause führte. Ja, dieser Schuss ging ins Auge.

Patzke
und die leise Ahnung

Als es in der Bundesligasaison 1970/71 während des Duells zwischen dem 1. FC Köln und Hertha BSC einen Elfmeter für die Rheinländer gab, kam der große Auftritt des Bernd Patzke. Bevor Werner Biskup den Strafstoß für den FC ausführen konnte, lief Patzke zielstrebig auf Hertha-Keeper Volkmar Groß zu und flüsterte ihm einige bedeutsame Worte ins Ohr. Dann der Schuss von Biskup, Groß ahnte die Ecke – musste den Ball aber doch knapp über die Linie passieren lassen. Nach Abpfiff gratulierte ein Journalist dem »Hellseher« Patzke zum richtigen Tipp, dieser lächelte und verschwand. Torhüter Groß beobachtete die Szene, schnappte sich den Reporter und erklärte ihm, wie es wirklich abgelaufen war: Patzke hatte seinem Mitspieler ins Ohr gehaucht: »Ich kann dir leider auch nichts sagen. Ich weiß auch nicht, wohin er schießt!«

Lattek läuft. Nicht.

Eigentlich hat man Udo Lattek nicht nur als erfolgreichen Fußballtrainer im Gedächtnis, sondern auch als Mann der Tat. Daran ändert auch sein Wortbruch nichts, mit dem er im Jahr 1972 als Bayern-Trainer die Fans des Rekordmeisters verärgerte. Im »Aktuellen Sportstudio« hatte Lattek verkündet, dass er im Falle des Meistertitels für die Münchner von Nürnberg bis in die bayerische Landeshauptstadt laufen wolle. Als dann wenig später die Meisterschaft unter Dach und Fach gebracht wurde, forderten die Anhänger den Coach zur Wanderung auf – doch dieser verwies auf das Abraten seines Arztes und passte. Einige Fans ließen es sich nicht nehmen, das Versprechen des Trainers höchstselbst einzulösen und marschierten von Nürnberg nach München. Währenddessen spielte Lattek mit Freunden Tennis. Nun ja ...

Was für eine Pfeife!

In einer britischen Amateurliga wurde im Jahr 2000 der Stürmer Lee Todd nach nur zwei gespielten Sekunden vom Platz gestellt. Er hatte den Anpfiff des Schiedsrichters mit »Fuck me, that was loud« kommentiert. Ob die Rote Karte für ein gellendes Pfeifkonzert sorgte, bleibt ein Geheimnis ...

Wuff!

Mit zwei Toren nacheinander machte Nottinghams Abwehr-spieler Eric Lichaj den FC Arsenal im Januar 2018 seinen Klub im FA Cup glücklich. Doch ging es ihm bei der Topleistung vielleicht nicht bloß um das Lob seiner Teamkameraden, sondern auch noch um eine Abmachung mit seiner Frau. »Sie hat gesagt, wenn ich dieses Jahr einen Hattrick erziele, bekomme ich einen Hund. Deshalb habe ich noch versucht, einen Elfmeter zu schießen. David Vaughan hat mir dann höflich gesagt, dass ich verschwinden soll«, hatte Lichaj nach dem überraschenden 4:2 gegen Arsenal erklärt. Nottingham bekam nach den beiden Toren von Lichaj noch zwei Elfmeter zugesprochen – der gelernte Verteidiger durfte aber nicht schießen. Lichajs Frau war nach der Aussage in den sozialen Medien unter anderem von Lichaj mit dem Hashtag #GetEricADog aufgefordert worden, ihm trotz des fehlenden Tores den Wunsch zu erfüllen. Und letztendlich wurde sie dann auch weich. Nicht nur die Wette, auch der Name des Hundes sollte den Profi immer an das denkwürdige Spiel erinnern. Angelehnt an den Spitznamen Arsenals hieß sein Hund fortan »Gunner«.

Emersons Flugshow

Schuster, bleib bei deinen Leisten: Während der Vorbereitung zur WM 2002 ging Brasiliens Mittelfelddenker Emerson zum Spaß ins Tor und schickte sich an, das ewige Torwartproblem der Seleção zu lösen. Was er bitter bereuen sollte: Bei einer tollkühnen Parade kugelte er sich die Schulter aus, vorbei waren alle WM-Träume. Noch bitterer war wohl die Erkenntnis, dass er ohne seinen Ausflug in den Kasten mit der Seleção Weltmeister geworden wäre.

Líbuda und der Höttges

Das kennt doch jeder aus der Kreisliga: Manchmal gibt es Gegenspieler, die kann man einfach nicht ab. Da weiß man schon vor dem Spiel, dass es gegen »den« nicht läuft. Gleiches gilt wohl auch in der Bundesliga, zumindest für Reinhard »Stan« Libuda. In der Saison 1972/73 weigerte sich der flinke Rechtsaußen vom FC Schalke 04, die Auswärtsfahrt zum SV Werder Bremen anzutreten. Der einfache Grund lautete: Bremens Abwehrspieler Horst-Dieter Höttges. Libuda erklärte seinem verdutzten Coach Ivica Horvat, dass er den Ball gegen den klein gewachsenen Libero im gesamten Spiel eh nur zweimal sehen würde – einmal beim Anstoß und das zweite Mal, wenn der Gegner ein Tor geschossen hätte. Diskussion beendet, Libuda fuhr nicht mit nach Bremen.

Vorsicht, Dracula!

Wenn einem ein Ruf vorauseilt, kann das auch schon einmal andere Bereiche des Lebens beeinflussen. So geschehen vor vielen Jahren bei Günther Reinders, ehemaliger Abwehrspieler des 1. FC Kaiserslautern. Bei den Fans des traditionsreichen Klubs aus der Pfalz hatte Reinders aufgrund seiner mitunter rüden Spielweise den Namen »Dracula« erhalten – da ein Tänzchen mit ihm auf dem Spielfeld schmerzhafte oder gar blutige Konsequenzen haben konnte. Und so kam es nicht von ungefähr, dass nach einem UEFA-Cup-Spiel in Lissabon, als Reinders von einer attraktiven Portugiesin zum Tanz aufgefordert wurde, sein Mitspieler Klaus Ackermann trocken einwarf: »Moment, Günther, die Dame muss sich erst Schienbeinschoner anziehen!«

Rauschende Feier

Als der FC Bayern München im Jahr 1974 zunächst die dritte Meisterschaft in Folge und kurz darauf auch noch den Gewinn des Europapokals der Meister unter Dach und Fach brachte, gab es bei der von Udo Lattek trainierten Mannschaft kein Halten mehr. Es wurde gefeiert, was das Zeug hielt. Blöd nur, dass kurz darauf noch das Bundesligaspiel bei Borussia Mönchengladbach anstand. FCB-Keeper Sepp Maier verkündete am Tag vor der Partie noch großmäulig, im Tor jeweils den mittigen Ball halten zu wollen, wenn drei

Bälle auf ihn zukämen. Klappte nicht allzu gut, denn die Borussia gewann gegen den Meister mit 5:0. Kein Problem für die Bayern und Lattek – der Trainer verbuchte das missratene Auswärtsspiel kurzerhand unter der Kategorie »Alkoholverdunstungsstunde«.

Ab íns Parkstadíon

Als in Gelsenkirchen noch in einem richtigen Stadion anstatt einer hochmodernen Arena Fußball gespielt wurde, war der Fußball noch rein und herrlich einfach. Denn im August 1974 eröffnete der FC Schalke 04 sein neues Parkstadion mit einem Spiel gegen Feyenoord Rotterdam – und die Massen pilgerten zur später legendären Spielstätte. Obwohl die Partie gegen die Niederländer erst um 20 Uhr angepfiffen werden sollte, warteten bereits zur frühen Mittagszeit Tausende Fans vor den Kassenhäuschen, um sich Tickets zu sichern. Da die Kassierer natürlich noch nicht vor Ort waren, setzten sich die Vorstandsmitglieder Siebert, Aldenhoven, Lehmann und Roman kurzerhand selbst hinter die Kassen, um Karten an den Mann zu bringen. Mangels passender Geldbehältnisse badeten sie kurze Zeit später in Abertausenden Mark, die einfach auf die Böden der Kassenhäuschen geworfen wurden. Was für ein Kontrast zu heute, wo man in vielen Stadien nicht einmal mehr mit Bargeld zahlen kann.

Über den Daumen
gepeilt

Während die Zuschauerzahlen bei Bundesligaspielen heute auf den Mann genau noch während des Spiels verkündet werden, stellten die Hertha BSC und Borussia Mönchengladbach am 28. Spieltag der Saison 1974/75 einen – zumindest inoffiziellen – Rekord auf. Über 91 000 Zuschauer sahen im Berliner Olympiastadion das Duell zwischen der Alten Dame und den Fohlen vom Niederrhein. Laut dem kicker sollen es sogar noch weitaus mehr gewesen sein – berichtete das Fachmagazin doch später davon, dass die Zahl über den Daumen gepeilt und noch um einige Tausend höher lag. Ganz genau zählt man hingegen am 21. März 1954 im Maracana Stadion. 183 513 Zuschauer sahen das Spiel der brasilianischen Nationalelf gegen Paraguay, bis heute Weltrekord. Das Schwarzwaldstadion in Freiburg könnte man mit dieser Anzahl von Menschen mehr als siebenmal füllen.

Der ewige Merkel

Wenn Fußballtrainer in schwierigen Zeiten klare Ansagen an Mannschaft und Fans machen, kommt das meist gut an. Noch besser, wenn diese Worte dann auch Früchte tragen und in die Tat umgesetzt werden. Eher schlecht lief das in der Saison 1975/76 allerdings für Max Merkel, Trainer des damaligen Zweitligisten TSV 1860 München. Der erfahrene Coach versprach seinen Spielern während eines Weihnachtsessens, dass er so lange Trainer der Münchner Löwen bleiben werde, bis die alten Verhältnisse wieder hergestellt wären und der TSV vor den – damals in der ersten Liga spielenden – FC Bayern rückte. Schlecht nur, dass Merkel wenige Monate später entlassen wurde und der Aufstieg misslang. Hätte Merkel Wort gehalten, wäre er wohl seit Jahrzehnten nach wie vor Trainer bei 1860 München und würde dies sicher auch noch eine Weile bleiben ...

Maier und die Ente

Manche Geschichten der Bundesliga sind einfach ein Klassiker. Dazu gehört natürlich auch die von Sepp Maier und seinem Kampf mit der Wildente. Als sich der Keeper des FC Bayern München in der Saison 1975/76 beim Spiel gegen den VfL Bochum umschaute, entdeckte er plötzlich eine Ente, die sich in seinen Strafraum verirrt hatte. Da die Bochumer Angriffsbemühungen äußerst rar gesät waren, entschied sich Maier für eine kurze Entenjagd. Im Hechtsprung versuchte der Nationalkeeper das Federvieh zu fangen – ohne Erfolg. Die Ente war das einzig Unhaltbare für die Katze von Anzing an diesem Tag – der FC Bayern gewann das Spiel mit 4:0.

Die sensible Dampfwalze

Einer der auffälligsten Spieler der 1970er-Jahre war Hans-Peter Briegel. Der kräftig gebaute Abwehrspieler, Spitzname die Walz von der Pfalz, war der Schrecken aller Gegenspieler. Insgesamt neun Jahre beim 1. FC Kaiserslautern und 1980 der EM-Titel mit der deutschen Nationalmannschaft sprangen dabei heraus. Aber auch die härtesten Kerle haben bekanntlich einen extrem weichen Kern. So durfte seine Freundin zu Lauterer Zeiten kein einziges Spiel seiner erfolgreichen Karriere live im Stadion sehen. »Das macht mich nervös!«, verriet Briegel.

Rummenigge vs. Cramer

Zu dem großen FC Bayern München gibt es viele tolle Geschichten – nicht nur aus sportlicher Sicht. So trug es sich in der Bundesligasaison 1975/76 zu, dass der gesamte Profikader des Rekordmeisters beim damaligen Vereinsarzt Dr. Spannbauer zu Gast war, der in seine pompös ausgestattete Villa eingeladen hatte. Bayern-Spieler Karl-Heinz Rummenigge und Trainer Dettmar Cramer fanden kurzerhand Boxhandschuhe und zettelten eine Runde an. Als Cramer jedoch zu wild wurde und dem Stürmer auf die Pelle rückte, wusste dieser sich nur noch mit einem gezielten Hieb auf die Nase des Trainers zu helfen. Ohne böse Folgen: Aufgestellt wurde Rummenigge übriges nämlich auch nach dem Knock-out des Trainers noch ...

Fummeln abseits
des Platzes

Sexfilmchen statt Fußball! Weil es beim Viertligakicker Davide Iovinella auf dem Rasen nicht für die ganz große Karriere – und vor allem für das ganz große Geld – reichte, wechselte der Italiener im Frühling 2018 zum Bettsport. Aus dem Fußballer vom Provinzklub Calcio Pomigliano wurde ein Pornostar. Dafür verließ Iovinella sogar seine Heimat und ging nach Budapest. In der ungarischen Hauptstadt ergatterte er einen von 3000 Plätzen an der Siffredi Hard Academy – eine »Porno-Universität«, die der legendäre italienische Pornostar Rocco Siffredi gegründet hatte. Dort versuchte es der gescheiterte Fußballer in der Horizontalen unter dem Künstlernamen Davide Montana. Die Anzahl seiner »Treffer« seitdem ist nicht bekannt.

Ein Südling
im Wilden Westen

Die Saison 1975/76 muss für Paul Breitner unheimlich anstrengend gewesen sein, schließlich stand der ehemalige Bayernprofi und deutsche Nationalspieler unter Doppelbelastung. Neben seiner Rolle als Aufräumer im Starensemble von Real Madrid spielte Breitner nämlich auch im deutschamerikanischen Western »Potato-Fritz« mit. Doch die fußballaffinen Kinobesucher merkten schnell, dass an Breitners Stimme irgendetwas faul war. Hinterher wurde klar: Da der bayrische Dialekt des Welt- und Europameisters zu stark war, musste er in der deutschen Fassung des Films von Schauspieler Hartmut Reck synchronisiert werden.

Die Erfindung
des Herrengedecks

Normalerweise sollen Schiedsrichter ja möglichst unauffällig agieren. Klappte im November 1975 nicht allzu gut,
als Wolf-Dieter Ahlenfelder und sein Schiri-Gespann für das
Bundesligaspiel zwischen Werder Bremen und Hannover 96
angesetzt waren. Vor der Begegnung musste für das leibli-
che Wohl gesorgt werden, also gab es fette Gans mit Rotkohl
und Klößen. Und dazu? Natürlich Bier. »Männer trinken keine Fanta«, gab Ahlenfelder später einmal zu Protokoll. Und
da der Magen vor dem Anpfiff noch schnell   von der
Mischung aus fettigem Essen und süffigem
Pils befreit werden sollte, kippten Ahlenfelder und sein Gespann noch einige Malteser hinterher. Als die Partie der Werderaner gegen Hannover eine halbe Stunde alt
war, hatte Ahlenfelder dann genug – er pfiff
zur Pause. Werders Abwehrspieler Horst-Dieter
Höttges aber stellte fest, dass dies ein Irrtum sein
musste – schließlich war sein Trikot noch gar nicht
wie gewohnt völlig durchgeschwitzt. Nach kurzer
Diskussion sah der beschwipste Schiedsrichter
seinen Fauxpas ein und ließ die erste Halbzeit
erneut anpfeifen. Endgültig in die Pause schickte Ahlenfelder die Mannschaften dann nach
42 Minuten. Übrigens: Seit jenem denkwürdigen Auftritt im Bremer Weserstadion kennen
die Kneipen der Umgebung das Gedeck aus
Bier und Malteser nur noch unter dem Namen
»Ahlenfelder«. Prost!

Heimspiel – aber anders …

Die brisante Feindschaft zwischen Borussia Dortmund und dem FC Schalke 04 ist in Fußballdeutschland wohl einmalig. Umso bitterer muss sich der 33. Spieltag der Bundesligasaison 1976/77 wohl für den BVB angefühlt haben. Denn weil Würmer den Rasen des heimischen Westfalenstadions durchfressen hatten, konnte die Partie gegen den 1. FC Köln nicht wie geplant in Dortmund stattfinden. Die einzige Möglichkeit bestand darin, nach Gelsenkirchen auszuweichen. »Haben wir verloren. Wie sollte man das auch gewinnen? Heimspiel auf Schalke geht ja nicht«, sagte BVB-Keeper Horst Bertram nach der 1:2-Pleite gegen die Rheinländer. Noch schlechter müssen sich die rund 25 000 Dortmunder Fans gefühlt haben, die die Rückfahrt vom »Heimspiel« ohne Punkte im Gepäck antreten mussten.

Dortmunder Daumen im Wind

Otto Rehhagel ist eine echte Trainerlegende. Er brachte nicht nur das Kunststück fertig, im Jahr 2004 mit dem totalen Underdog Griechenland Europameister zu werden, sondern war auch Trainer etlicher Bundesligisten. In der Saison 1976/77 war dies bei Borussia Dortmund der Fall. Und Rehhagel hatte sich bereits früh dazu entschieden, mit dem Team vor Heimspielen ausgerechnet in einem Gelsenkirchener Hotel zu übernachten. Vor dem Heimspiel des BVB gegen den FC Bayern München im Oktober 1976 passierte dann aber das Unglück: Auf dem Weg von Gelsenkirchen nach Dortmund streikte plötzlich der Mannschaftsbus, nichts ging mehr. Also alle Mann raus, an den Straßenrand und Daumen hoch. Der gesamte BVB-Tross trampte kurzerhand bis zum Westfalenstadion, wo einige Spieler erst wenige Minuten vor Anpfiff ankamen. Immerhin: Gegen den großen FCB erkämpften sich die Schwarz-Gelben ein respektables 3:3-Unentschieden. Hut ab!

Kunstvoller Zembski

Wenn man Fußballer als Künstler bezeichnet, ist oft die ansehnliche Spielweise der Kandidaten gemeint. In den 1970er-Jahren zeigte Dieter Zembski aber, dass man das durchaus auch wörtlich nehmen kann. Der Spieler von Eintracht Braunschweig versuchte sich nämlich neben dem Fußball gleich in zwei kunstvollen Bereichen: Bereits früh war Zembski mit seiner Band Mushroams musikalisch aktiv gewesen, bei der Eintracht betätigte sich der Abwehrmann dann als Maler und zeichnete seine Mitspieler. Die Werke wurden übrigens in der Stadionzeitung der Eintracht abgedruckt.

Mehr Sex!

Gut, in Kaiserslautern ticken die Uhren zuweilen etwas anders. Das musste in der Bundesligasaison 1976/77 auch FCK-Präsident Jürgen Friedrich am eigenen Leib erfahren. Um das Große Ganze überblicken zu können, unterhielt sich Friedrich ab und an auch mit den Spielerfrauen. Und eine von ihnen trat mit einer eher ungewöhnlichen Bitte an den Präsidenten heran: Er solle doch bitte schön ihren Mann zu mehr ehelichem Sex auffordern. Sachen gibt's ...

Die Faxen dicke!

Knapper kann ein Transfer wohl nicht scheitern: Wegen eines defekten Faxgerätes kam der Wechsel des Hamburgers Eric Maxim Choupo-Moting zum 1. FC Köln im Winter 2010 nicht zustande. Eigentlich war doch alles geklärt und die Tinte auf den Verträgen schon trocken. Choupu-Motings Vater hätte das Vertragswerk bloß noch nach Köln faxen müssen, um den Wechsel perfekt zu machen. Aber die Maschine funktionierte nicht recht. Ausgerechnet die letzten Seiten des Vertrages, inklusive der Unterschrift des Spielers, kamen nicht fristgerecht um 18 Uhr in Köln an. Der Deal scheiterte letztlich an 13 fehlenden Minuten.

»Die Axt«

Es kam nicht von ungefähr, dass Uli Borowka von seinen Fußballerkollegen mehrere Male hintereinander in der damals existierenden Wahl des kicker zum unbeliebtesten Spieler der Liga gekürt wurde. Auch nicht, dass er mit »Eisenfuß« und »Die Axt« gleich zwei unmissverständliche Spitznamen hatte. Einfach ein beinharter Typ, dieser Borowka. Nicht auf den Mund gefallen, besaß er auch Talent in psychologischer Kriegsführung. Vor einem Spiel gegen den FC Schalke nahm der Verteidiger sich Jungstar Olaf Thon zur Seite und knurrte: »Thon, heute breche ich dir beide Beine!« Sehen lassen kann sich seine Karrierebilanz dennoch: 388 Bundesligaspiele, sechs Länderspiele für den DFB, dazu je zweimal Deutscher Meister und Pokalsieger sowie einmal Champion im Europapokal der Pokalsieger. Lief bei ihm, auch alkoholmäßig: Seine Karriere endete als Alkoholiker, seit dem Jahr 2000 ist der Exprofi glücklicherweise trocken.

Drei Engel für, ähm, wen denn nun?

Bernd Schuster, der blonde »Engel«, hatte sich im Sommer 1978 ganz offenbar ein wenig verzettelt: Gleich drei Profiverträge bei drei unterschiedlichen Mannschaften hatte er zu diesem Zeitpunkt unterzeichnet. So kam es, dass sowohl Köln und Mönchengladbach einen Vertrag mit ihm hatten, als auch sein Heimatverein Augsburg. Am Ende musste glatt ein Gericht entscheiden. Und das befand, dass ausschließlich der Kontrakt mit dem1. FC Köln bindend sei. Schuster blieb zwei Jahre, ehe er seine Weltkarriere beim FC Barcelona und Real Madrid vergoldete. Diese Episode hat sicher nicht zur Verminderung der tief sitzenden Feindschaft zwischen Kölner und Gladbacher Fans geführt.

Ewiger Rekord?

Rekorde sind bekanntlich dazu da, gebrochen zu werden. Doch ob jemals dieser unfassbare Rekord von Borussia Mönchengladbach übertrumpft werden kann? Die Fohlenelf vom Niederrhein kann nämlich bis heute den höchsten Bundesligasieg aller Zeiten für sich beanspruchen. Im April 1978 besiegten die Gladbacher den Dortmunder Namensvetter aus dem Ruhrgebiet mit sage und schreibe 12:0. Weit weniger bekannt dürften indes die Umstände sein. Denn gleichzeitig mit dem Kantersieg der Fohlen schoss auch der 1. FC Köln den FC St. Pauli mit 5:0 ab. Bitter nötig, denn an jenem letzten Spieltag lagen die Borussia und Köln punktgleich an der Tabellenspitze, machten die Deutsche Meisterschaft also unter sich aus. Legenden besagen, dass Spieler der Paulianer die Kölner in der Halbzeitpause gefragt hatten, wie viele Tore sie noch benötigten, um die Meisterschaft sicher zu haben. Gerüchten zufolge wurde per Handschlag abgemacht, dass aus dem 1:0-Pausenstand eine Klatsche für die Hamburger werden sollte. Auch beim Borussen-Duell gab es Manipulationsvorwürfe, die zu einem juristischen Nachspiel seitens des DFB führten – ohne Ergebnis. Geholfen hat Borussia der Rekordsieg übrigens nicht, der 1. FC Köln konnte sich am Ende mit einem um drei Treffer besseren Torverhältnis über die Meisterschale freuen.

Ewiger Rekord – Teil II

Dieter Müller hat einen anderen Rekord aufgestellt, der so leicht nicht zu knacken sein dürfte. Robert Lewandowski war zwar einmal kurz davor, zumindest mit Müller gleichzuziehen, aber erreicht wurde seine Leistung aus der Bundesligasaison 1977/78 bis dato nicht. Am 17. August 1977 traf der Stürmer des 1. FC Köln beim 7:2-Sieg über Werder Bremen gleich sechsmal – und das ausgerechnet im direkten Duell mit seinem beinharten Gegenspieler Horst-Dieter Höttges.

Lewandowski war allerdings deutlich schneller als Müller, für seine fünf Treffer brauchte der erst zur 2. Halbzeit eingewechselte Pole lediglich neun Minuten. Auch das war bis dato unerreicht.

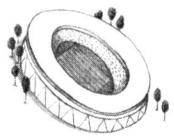

Weisweilers Motivationstrick

Zu seiner Zeit beim 1. FC Köln durchlebte Dieter Müller, Stürmer der Domstädter, eine Schwächephase, in der er den Ball nicht ins Tor bekam. Doch sein Trainer Hennes Weisweiler hatte eine Idee: Er bat einen Journalisten darum, zu schreiben, man habe Weisweiler auf der Tribüne von Rot-Weiss Essen gesehen. Warum das Ganze? Nun, der Trainer war der Meinung, dass Müller wohl wieder bessere Leistungen zeigen würde, wenn er an den jungen Essener Stürmerkonkurrenten Horst Hrubesch denken müsse, der ihm womöglich demnächst im Nacken säße. Seinen Beinamen »Trainerfuchs« hatte sich der Hennes wahrlich verdient.

Zebecs Alkoholproblem

Branko Zebec war Anfang der 1980er-Jahre nicht nur Trainer des Hamburger SV, sondern hatte zeitgleich auch ein arges Alkoholproblem. Was ganz Fußballdeutschland schon längst vermutete, war dann beim Auswärtsspiel des HSV bei Borussia Dortmund nicht mehr zu leugnen. In der ersten Halbzeit verfolgte Zebec das Geschehen auf dem Platz noch – schon für alle sichtbar volltrunken, in Durchgang zwei blieb sein Platz dann leer. Später stellte sich heraus, dass dem Auftritt in Dortmund ein noch größerer Fehltritt vorausgegangen war: Die Abfahrt von Hamburg in den Ruhrpott hatte der Coach verpasst, also folgte er dem Team in einem Leihwagen. In der Nacht war Zebec in der Nähe von Münster von der Polizei angehalten worden – mit einem Promillewert von 3,25.

Der etwas andere Pausenpfiff

Regeländerungen im Fußball wurden seit jeher kritisch beäugt. Doch kaum ein Eingriff in das Regelwerk wurde so heiß diskutiert wie die Einführung des Videoschiedsrichters in der Bundesliga. Zu Recht, möchte man meinen, denn in der Debütsaison 2017/18 lief sicher noch nicht alles glatt mit den aus Köln assistierenden Videoschiedsrichtern. Einen korrekten, aber vollkommen neuartigen Elfmeterpfiff gab es prompt im April 2018 in der Partie zwischen dem FSV Mainz 05 und dem SC Freiburg. Denn kurz vor der Halbzeitpause hatte ein Freiburger Spieler den Ball zwar im Strafraum mit der Hand gespielt, dies hatte Schiri Guido Winkmann aber nicht gesehen. Wenige Sekunden später pfiff der Unparteiische zur Halbzeit, die Spieler waren bereits in den Katakomben verschwunden. Doch plötzlich meldete sich Videoassistentin Bibiana Steinhaus aus Köln und hauchte Winkmann den Hinweis auf das Handspiel ins Ohr – Elfmeter! Also rief Winkmann beide Teams wieder aus den Kabinen auf den Platz, wo Pablo de Blasis den fälligen Strafraum nach dem Pausenpfiff zum 1:0 verwandelte. Was natürlich besonders bei den Fans für Verwunderung und Verärgerung sorgte, die mit dem Pausenpfiff schon gen WC oder Wurstbude entschwunden waren. Wahnsinn!

Wuttkes Sprítztour

Dass manch einer dabei gar keinen Spaß versteht, zeigte sich in den 1970er-Jahren beim FC Schalke 04. Als Wolfram Wuttke nämlich vor der Geschäftsstelle einen neuen Mercedes stehen sah, bei dem der Schlüssel steckte, nutzte der Offensivmann die Gelegenheit und drehte einfach mal eine schnelle Runde. Die sollte er aber bitter bereuen, denn wieder angekommen wartete bereits die Vereinsikone Charly Neumann auf ihn – natürlich wutentbrannt ob des »gestohlenen« Wagens. Eine Backpfeife später sollte die Geschichte dann aber auch wieder erledigt sein …

Breitners Frauenproblem

Paul Breitner und das Thema Frauenfußball – Anfang der 1980er-Jahre gab es weniges, was weiter voneinander entfernt war. Als der Star des FC Bayern München in der TV-Show »Wetten, dass ...« zu Gast war, kam es für ihn knüppeldick. Denn zuerst verspielte er durch die Aussage, er finde den Frauenfußball unästhetisch, jegliche Sympathien beim anderen Geschlecht – nur um kurze Zeit später beim Torwandschießen zu verlieren. Gegen eine Frau.

Wer den Schaden hat ...

Als der Hamburger SV in der Bundesligasaison 1980/81 bei Borussia Mönchengladbach zu Gast war, lief es für den späteren Vizemeister aus der Hansestadt nicht allzu gut. Am Ende trennte sich der Nordklub 2:2-Unentschieden von den Fohlen. Besonders schlecht verlief die Partie für HSV-Mann Ditmar Jakobs, der nach Abpfiff über zwei lockere Zähne sowie eine aufgeplatzte Lippe klagen musste. Fünf Stiche später waren zwar die Wunden versorgt, doch Günter Netzer sorgte gleich noch für das seelische Nachtreten, indem er dem Hamburger versicherte, er sei bereits vorher nie der Schönste gewesen.

Kein Warmduscher

Gut, es kommt öfter vor, dass die Schiedsrichter nach einem Spiel die Gunst mindestens einer Mannschaft nicht mehr auf ihrer Seite haben. Das galt in den 1980er-Jahren auch für Walter Eschweiler. Der Unparteiische brachte beim Ruhrpottderby zwischen Borussia Dortmund und dem VfL Bochum Fans und Team des BVB dermaßen auf die Palme, dass er die Quittung nach Abpfiff zu spüren bekam. Denn gerade als Eschweiler nach getaner Arbeit unter die Dusche sprang, drehte Dortmunds Stadionverwalter Gustav Sträter das Warmwasser in der Schiedsrichterkabine ab. Als Schiri darf man eben kein Warmduscher sein ...

Schiri, Foul(t)!

Beim Auswärtsspiel der Arminia Bielefeld bei Fortuna Düsseldorf in der Bundesligasaison 1982/83 kam es zu einer kuriosen Tätlichkeit des Schiedsrichters. Max Klauser, der die Partie als Unparteiischer leitete, trat dem Ostwestfalen Wolfgang Pohl dabei mit Wucht gegen das Schienbein. Nach dem Abpfiff beschwerten sich die Bielefelder über den Tritt. Klauser begründete ihn damit, er habe Pohl lediglich vormachen wollen, wofür er einen Teamkameraden verwarnt hatte. Wer's glaubt ...

Rehhagels Schauspielstunde

Trainerlegende Otto Rehhagel erging es in den 1980er-Jahren wie so vielen Bundesligacoaches. Während der Spiele schnellte der Puls auf Maximalniveau, die Luft musste irgendwie raus. Als seine Männer vom SV Werder Bremen das Auswärtsspiel beim 1. FC Köln vergeigten und mit 1:2 verloren, fand Rehhagel eine besonders ansehnliche Methode, um seinem Frust freien Lauf zu lassen – denn bei jedem Fehler seiner Spieler schmiss er seinen Klappstuhl quer über die Tartanbahn. Nach der Partie darauf angesprochen, meinte der Kulttrainer lediglich, man brauche in der Bundesliga ja jeden Zuschauer und müsse diesen eben auch etwas bieten ...

Mord in der Bundesliga?

Lutz Eigendorf war gerade erst 26 Jahre alt, als er in der Nacht nach einem Heimspiel seines Vereins Eintracht Braunschweig tödlich verunglückte. Mit 2,2 Promille im Blut raste der ehemalige DDR-Nationalspieler gegen einen Baum und verstarb. Lange wurde der Vorfall als Unfall gewertet – bis kurz nach der Wende geheime Stasidokumente auftauchten, die ein neues Licht auf die Geschichte um Eigendorf warfen. Denn der gebürtige Brandenburger war während eines Aufenthalts in Westdeutschland getürmt, die Stasi hatte ein Auge auf ihn und seine Familie geworfen. Lange Zeit soll er beschattet worden sein, im März 1983, so der Vorwurf, habe man ihn dann in seinem eigenen Auto entführt, ihm eine Mischung aus Alkohol und giftigen Substanzen verabreicht und dann in Panik in den Tod rasen lassen. Aufgeklärt wurde der Fall nie, doch noch immer lassen die Dokumente den Schluss zu, dass Lutz Eigendorfs Tod kein Unfall war.

Geils Hanteln

Kuriose Verletzungen gibt es im Profifußball seit jeher. Ein gefährliches Nebengeschäft führte in den 1980er-Jahren Karl-Heinz Geils, denn parallel zu seiner Karriere bei Arminia Bielefeld hatte Geils gemeinsam mit einem Bekannten ein Fitnessstudio eröffnet. Als er einmal durch das Center lief, um nach dem Rechten zu schauen, blieb er an einem Hantelständer hängen, eine Fünf-Kilo-Scheibe krachte mitten auf seinen Zeh. Da war an Fußball erst einmal nicht mehr zu denken ...

Sch... 04

Im Jahr 2010 sorgten Fans des BVB für Furore: Dortmunder Anhängern gelang es, das Schalker Stadion bei Google Street View verpixeln zu lassen, und zwar mit der Begründung, es sei zu »hässlich«. 2011 wurde der Anti-Schalke-Schmäh dann noch perfider: Einem Schalke-Fan war aufgefallen, dass man mit dem Suchbegriff »Scheiße« bei Google Maps zum Ernst-Kuzorra-Weg 1 geleitet wurde – das ist die Geschäftsstelle des FC Schalke 04.

Schalke 04 und die Transfer-Wahl

Dass der FC Schalke 04 mehr ist als ein ganz normaler Verein, das wissen die königsblauen Fans am besten. Eindrucksvoll bewiesen hatte es der Ruhrpottklub bereits in der Saison 1974/75. Denn damals wollte S04 über einen heiklen Transfer demokratisch abstimmen lassen – von den eigenen Anhängern. Es ging um den blonden Brasilianer Marinho, über dessen Schicksal während eines Heimspiels im Parkstadion rund 70 000 Fans bestimmen sollten. Kreuze gemacht, ab in die Urne, Wahlzettel zur Schalker Geschäftsstelle. Dort wurden die Zettel fleißig ausgezählt und dann schnell per Müllabfuhr entsorgt. Erst danach verkündeten »Original« Charly Neumann und Präsident Günter Siebert, dass der Marinho-Transfer zur allgemeinen Verwunderung von den Fans mit knapper Mehrheit abgelehnt worden sei. Später gaben die S04-Verantwortlichen zu, dass ein Wechsel des Brasilianers wohl auch etwas zu teuer gewesen wäre. Ein schönes Beispiel, dass die Grenzen der Demokratie häufig vom Inhalt des Geldbeutels abhängen.

Rot im Elfmeterschießen

Zu einem Platzverweis der ganz besonderen Art kam es im Mai 2018 bei der Europameisterschaft der U17-Junioren in England. Im Viertelfinale des Turniers zwischen Irland und den Niederlanden stand es nach regulärer Spielzeit 1:1, und nach der torlosen Verlängerung stand das Elfmeterschießen an. Dabei ging zunächst lediglich der erste Versuch der Iren nicht rein, sodass die Niederländer mit dem letzten Schuss beim Stand von 4:4 das Weiterkommen perfekt machen konnten. Diesen Versuch parierte Irlands Keeper James Corcoran zwar, doch er freute sich zu früh. Denn bei seiner Rettungstat warf der Schiedsrichter ihm vor, sich zu weit von der Torlinie entfernt zu haben. Und weil Corcoran bereits in Minute 59 den Gelben Karton gesehen hatte, gab es nun die Ampelkarte. Ein Feldspieler musste so bei der Wiederholung des letzten niederländischen Elfmeters zwischen die Pfosten, hatte jedoch keine Chance, sodass die Holländer den Einzug ins Halbfinale klarmachten.

Der falsche
Frítz Walter

Fritz Walter – nicht nur beim 1. FC Kaiserslautern ist er eine Institution. Das veranlasste die Verantwortlichen des Klubs vom Betzenberg in der Bundesligasaison 1983/84 dazu, einen Namensvetter des Lauterer Urgesteins und WM-Helden von 1954 zu verpflichten. Dachte man zumindest. Denn eigentlich sollte Angreifer Walter zum FCK wechseln, in der Stadionzeitung hatte der Klub sogar schon eine Wohnungsannonce für den vermeintlichen Neuzugang abgedruckt. Doch zu dem bereits für perfekt erklärten Wechsel kam es nicht, Fritz Walter spielte nie im Trikot der Roten Teufel.

Für'n Arsch

Als Wolfgang Kleff, Torhüter der Fortuna aus Düsseldorf, zum Ende der Bundesligaspielzeit 1983/84 von den Verantwortlichen um F95-Präsident Bruno Recht zu hören bekam, dass sein Vertrag nicht verlängert würde, entschied sich der Keeper für einen ganz besonderen Abgang. Während des letzten Saisonspiels ließ sich Kleff eine Viertelstunde vor Ende aufgrund einer vorgetäuschten Verletzung auswechseln, um anschließend eine Ehrenrunde zu drehen. Und während er sich genüsslich von den Fortuna-Fans verabschiedete, kam ihm vor der Haupttribüne offenbar noch eine Idee. Plötzlich drehte er sich um, ließ die Hose herunter und zeigte seinen nackten Hintern genau in Richtung von Präsident Recht.

Live ist live

Was heutzutage ganz normal ist, durften die deutschen Fußballfans früher erst ganz spät genießen: Ein ganzes Fußballspiel live im TV! Es war das Nachholspiel des zwölften
Spieltags der Bundesligasaison 1984/85 zwischen Borussia
Mönchengladbach und dem FC Bayern München, als die
ARD erstmals in der Historie eine komplette Bundesliga-
partie auf die deutschen Bildschirme brachte. Heribert Faß-
bender kommentierte vom Gladbacher Bökelberg, wie die
Hausherren den FCB mit 3:2 besiegten. Heute muss man
lange suchen, um einen Tag zu finden an dem kein Live-
Fußball übertragen wird.

Rotsünder

Klaus Funk vom SV Werder Bremen sorgte in der Bundesligasaison 1984/85 für ordentlich Gesprächsstoff. Zwar hatte
es der langjährige Ersatzkeeper der Norddeutschen auch in
dieser Spielzeit nicht als Nummer 1 auf den Platz geschafft
und verbrachte die gesamte Saison auf der Bank, doch am
32. Spieltag, als die Werderaner in Braunschweig antraten,
kassierte Funk dennoch eine Rote Karte – wegen Beleidi-
gung des Linienrichters. Der Keeper freute sich aber über
die »wohl einmalige« Geschichte: kein Spiel für Bremen absolviert, dennoch vom Platz geflogen ...

Immer dieser Ahlenfelder

Als der FC Bayern München am 19. Spieltag der Bundesligasaison 1984/85 mit 2:4 beim SV Werder Bremen unterlag, suchten die Spieler des FCB den Schuldigen für die Pleite – und fanden ihn schnell in Schiedsrichter Wolf-Dieter Ahlenfelder. Während Klaus Augenthaler den Wunsch hatte, den für seinen Alkoholfauxpas bekannten Unparteiischen immer in München pfeifen zu lassen, weil man mit ihm »nie und nimmer ein Heimspiel verlieren« würde, sah Bayernprofi Fritz Scherer eine andere Lösung: Einem Kamerateam im Weserstadion raunte er zu, es solle doch die Scheinwerfer einmal auf Ahlenfelder richten, damit dem Schiedsrichter endlich ein Licht aufgehe. Souveräner Meister wurden die Münchner trotz der Niederlage in Bremen und ohne Ahlenfelder als persönlichen Heimspiel-Referee.

Danke an die Fans

Normalerweise nutzen Klubs und Spieler gern die Gelegenheit, nach weit entfernten Auswärtsspielorten den mitgereisten Fans für die Treue und die zahlreiche Unterstützung zu danken. Auf diese Idee kam Roland Wohlfarth, Stürmer des FC Bayern München, nach einem Europapokalspiel bei Trakia Plowdiw Mitte der 1980er-Jahre offenbar nicht so richtig. Als er hörte, dass einige Fans über 700 Mark für

Reise und Tickets gezahlt hatten, schüttelte er nur den Kopf und meinte, er würde »nie so viel Geld für ein so uninteressantes Spiel« ausgeben. Da geht dem echten Fan doch das Herz auf ...

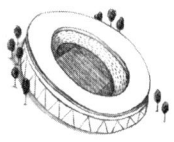

Líenens Polítíkkarríere

Mitte der 1980er-Jahre wird es Ewald Lienen, damals Spieler der Borussia aus Mönchengladbach, allein mit dem Fußballerdasein zu langweilig. Also engagiert sich der spätere Trainer in der Politik – und erreicht bei einer Landtagswahl mit seiner sogenannten »Friedensliste« insgesamt 0,7 Prozent der Stimmen. Als er nach einem 3:2-Sieg der Gladbacher in Stuttgart nach den möglichen Gründen für seine gute Leistung gefragt wird, verweist Lienen stolz auf das Ergebnis der Wahl in der Heimat. Und auch die eigentlich magere Ausbeute von unter einem Prozent der abgegebenen Stimmen bringt ihn nicht aus dem Konzept. Schließlich hätten ja auch die Grünen einmal klein angefangen, sagt Lienen selbstbewusst. Später wird »Zettel-Ewald« doch kein Politiker, sondern erfolgreicher Bundesligacoach.

Langes Geschäft

Wenn es auf dem Örtchen mal etwas länger dauert ... gerät plötzlich ganz Schalke in Not. So beispielsweise passiert am vierten Spieltag der Bundesligasaison 1974/75, als die Königsblauen nach der Halbzeit ohne Torhüter weiterspielten. Unabsichtlich natürlich. Doch als Jupp Kaczor, Stürmer des gegnerischen VfL Bochum, im Mittelkreis zum zweiten Durchgang anstieß, war S04-Keeper Norbert Nigbur noch nicht wirklich bereit. Der hatte nämlich die Halbzeitpause auf der Toilette verbracht und wurde in der Kabine vergessen. Also sprintete er allein schnell zurück aufs Feld, wurde aber unterwegs noch von Polizisten angehalten, die ihn nicht als Schalker Keeper erkannten und einen »Flitzer« verhindern wollten. Hoffentlich hatte er trotz der Hektik noch genug Zeit, sich die Hände zu waschen.

Fehlschuss
für die Ewigkeit

Lange sah es in der Bundesligasaison 1985/86 danach aus, als würde der SV Werder Bremen die Meisterschaft für sich entscheiden – schließlich standen die Grün-Weißen in der Tabelle bis auf zwei Ausnahmen am ersten und 13. Spieltag immer an der Tabellenspitze. Doch am vorletzten Spieltag kam es dann zum Duell mit dem FC Bayern München, dem direkten Verfolger. Als es in der 89. Minute noch immer 0:0 stand, gab es plötzlich einen Elfmeter für den SVW. Michael Kutzop, eigentlich ein sicherer Schütze, trat an – und vergab die Chance auf die sichere Meisterschaft. Als die Partie torlos abgepfiffen wurde, hatte Werder dennoch mit zwei

Punkten Vorsprung alles in der eigenen Hand. Doch im letzten Saisonspiel versagten die Nerven der Norddeutschen: Während der FC Bayern Borussia Mönchengladbach mit 6:0 abfertigte, verlor Bremen knapp mit 1:2 in Stuttgart und gab den Titel in letzter Sekunde noch aus der Hand. Tragisch!

Das klarste Handspiel
aller Zeiten

Es läuft die 16. Minute des Gruppenspiels zwischen Australien und Äquatorialguinea bei der Frauenfußballweltmeisterschaft 2011 in Deutschland, als es zu einem der klarsten Handspiele in der Geschichte des Fußballs kommt. Beim Zwischenstand von 1:0 für die Favoritinnen aus Australien flankt eine Spielerin aus Down Under von der linken Außenbahn in die Mitte, wo eine Teamkollegin aus wenigen Metern den Ball an den Pfosten knallt. Von dort aus springt das Spielgerät dann wieder in den Fünfmeterraum, wo Bruna, eine Abwehrspielerin aus Äquatorialguinea, vollkommen perplex den Ball fängt und sekundenlang in den Händen hält. Doch der Pfiff der Schiedsrichterin aus Ungarn bleibt aus, obwohl die »Übeltäterin« sich sogar mit dem Ball in den Händen zu der Unparteiischen umdreht, bevor sie ihn wieder fallen lässt und die Partie einfach fortgesetzt wird. Am Spielausgang änderte diese krasse Fehlentscheidung glücklicherweise nichts, die Australierinnen setzten sich mit 3:2 durch – für die meisten Lacher sorgte später eines der schönsten Handspiele der Geschichte.

Flekkens Trinkpause

Da staunte Mark Flekken, Torhüter des MSV Duisburg, nicht schlecht, als der Ball am 24. Spieltag der Bundesligasaison 2017/18 im Heimspiel gegen den FC Ingolstadt zum zwischenzeitlichen 1:1-Ausgleich der Gäste in seinem Tor lag. Denn der Keeper der Zebras hatte den Treffer durch FCI-Stürmer Stefan Kutschke gar nicht mitbekommen, weil er noch mit seiner Trinkflasche zugange war. Aber was war passiert? Beim Stand von 1:0 für die Gastgeber aus Meiderich gelang nach einer Ecke der zweite Treffer – doch der Schiedsrichter erkannte das Tor nach kurzem Jubel des MSV aufgrund einer vermeintlichen Abseitsstellung nicht an, es ging mit einem Freistoß für Ingolstadt weiter. Flekken aber drehte zunächst zum Jubeln ab, stellte sich dann mit dem Rücken Richtung Spielfeld ins Tor und trank aus seiner Flasche. In der Zwischenzeit hatte der FCI aber schon einen Konter gestartet, dessen Ende Kutschke mit einem Treffer ins Tor vergoldete. Erst in dem Moment drehte sich Flekken vollkommen verdutzt um. Später konnte der niederländische Keeper aber über die Aktion lachen, schließlich gewann der MSV das Spiel nicht nur mit 2:1, sondern er versteigerte seine legendäre Trinkflasche nach der Partie auch noch für rund 1600 Euro zugunsten eines guten Zwecks.

Der Camel-Man

Franz Michelberger gehörte zwischen 1974 und 1976 zum legendären Bayern-Kader um die Stars wie Franz Beckenbauer oder Gerd Müller. Eigentlich. Denn der Mittelfeldspieler des Rekordmeisters machte insbesondere neben dem Platz auf sich aufmerksam. Während eines Trainingslagers des FCB in Israel zog sich Michelberger eine böse Verletzung zu. Und das kam so: In der Freizeit machten sich einige Münchener Spieler zum Kamelritt in die israelische Wüste auf. Als Michelberger nach der Tour von seinem Kamel abstieg und zum Mannschaftsbus lief, folgte ihm das Tier auf Schritt und Tritt, um ihn dann kurz vor dem Bus so fest zu treten, dass der Bayern-Spieler mit Wucht gegen die Treppe stürzte. Die Folge: eine schmerzhafte Knieprellung. Nach diesem Missgeschick war es für Michelberger noch schwieriger, im Starensemble des FCB Fuß zu fassen, sodass er insgesamt nur vier Spiele für die Bayern absolvierte.

Gomez' Ausraster

Doppelt bitter verlief im März 2007 die Partie des VfB Stuttgart gegen den VfL Wolfsburg für den späteren Nationalstürmer Mario Gomez. Dieser zog sich nämlich zunächst einen Innenbandriss im Knie zu. Während der Stürmer am Seitenrand behandelt wurde, stieg ihm die Gewissheit über die Schwere der Verletzung zu Kopf. Vor lauter Frust schlug Gomez mit voller Wucht gegen den neben ihm stehenden Medizinkoffer – und brach sich zu allem Überfluss auch noch die Hand. Ein guter Tag sieht anders aus ...

Die Döneraffäre

Kevin Großkreutz ist ein besonderer Fußballer. Seine Karriere ist einzigartig, schließlich wurde er nicht nur mit Borussia Dortmund Deutscher Meister und Pokalsieger, sondern er war auch Teil des DFB-Teams, das 2014 in Brasilien die Weltmeisterschaft gewann. Kurz vor dem Triumph und der Reise nach Südamerika hatte Großkreutz jedoch in der Heimat noch persönliche Probleme zu lösen. Denn nach einer Partynacht in Köln, die er mit dem damaligen BVB-Teamkollegen Julian Schieber verbracht hatte, wurde Großkreutz aufgrund eines Dönerwurfs angezeigt. Das »Opfer« hatte die Situation so geschildert, dass es Großkreutz' Namen gerufen und dieser daraufhin seinen Döner mit Wucht in seine Richtung geworfen habe. Da das »Opfer« später über eine Reizung der Augen klagte, zeigte es den BVB-Akteur an. Großkreutz und Schieber jedoch stellten klar, dass eine größere Gruppe Menschen persönlich beleidigende Lieder über den späteren Weltmeister angestimmt hätte, woraufhin Großkreutz den Döner einfach auf den Boden geschmissen habe. Das Verfahren wegen vorsätzlicher Körperverletzung wurde dann ganz schnell eingestellt ...

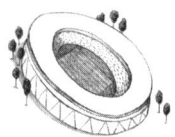

Wenn der Vater mit dem Sohne

Der Generationenvertrag – mal anders vollzogen: Als 1996 Island gegen Estland spielte, wurde Eiður Guðjohnsen (17) für seinen Vater Arnór (fast 35!) eingewechselt. So etwas hatte es zuvor noch nie in einem Länderspiel gegeben. Am

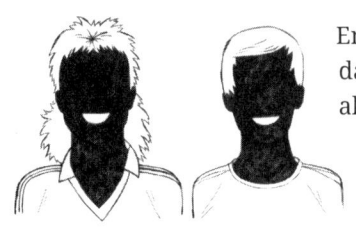

Ende gewann Island. Und auch danach setzte sich der Sohn sich als Kicker durch: Er spielte nicht nur für den FC Chelsea in der englischen Premier League, sondern gewann auch mit dem FC Barcelona die Champions League. Im Sommer 2009 heuerte er beim AS Monaco an. Vater Arnór (mehr als 70 Länderspiele für Island) hat also allen Grund, stolz auf den Sohnemann zu sein. Man könnte sagen: Ein äußerst gelungener Generationenwechsel.

Dreist gewinnt: Burgsmüller vs. Ehrmann

Manni Burgsmüller, in der Bundesligasaison 1985/86 Stürmer des SV Werder Bremen, hätte sich im Spiel gegen den 1. FC Kaiserslautern beinahe mit dem Falschen angelegt: Als Burgsmüller Anfang der zweiten Halbzeit nach einem gehaltenen Ball von FCK-Keeper Gerry Ehrmann auf einen kurzen Moment der Unachtsamkeit des Torhüters wartete und diesem den Ball aus den Händen spitzelte, wurde es Ehrmann zu bunt. Denn der Schiedsrichter hatte die Unsportlichkeit nicht gesehen, sodass Burgsmüller den Ball einfach über die Torlinie bugsieren konnte. Ehrmann, damals ein muskelbepackter Kerl, wollte auf den gegnerischen Stürmer losgehen und konnte nur mit Mühe davon abgehalten werden, sich diesen vorzuknöpfen. Burgsmüller machte die Situation nicht besser, als er Ehrmann ins Ohr flüsterte, dass ein Tor ein Tor sei, wenn der Schiedsrichter es gebe. Dass der Unparteiische nach Spielende nicht Prügel vom breit gebauten Ehrmann kassierte, hatte er dessen Mitspielern zu verdanken, die ihn gerade noch rechtzeitig abfangen konnten.

FC Bayern ausnahmsweise mal zu spät ...

Als Uli Hoeneß in der Bundesligasaison 1985/86 auf Talentejagd für die kommende Spielzeit für den FC Bayern München geht, bekommt er während eines Nachwuchslehrgangs in Duisburg einen heißen Tipp von Kollege Berti Vogts. Dieser hat nämlich einen gewissen Andreas Möller ins Auge gefasst – der später nicht nur 429 Bundesligaspiele vorweisen kann, sondern sich auch Welt- und Europameister sowie Deutscher Meister, Champions League-, UEFA-Pokal- und DFB-Pokal-Sieger nennen darf. Doch Hoeneß kommt zu spät. Denn nachdem er den Tipp von Vogts am Sonntag erhalten hat, findet er die Telefonnummer von Möller erst am Montagmittag heraus. Und als Hoeneß dann bei dem Talent anruft, muss er erfahren, dass Möller nur wenige Minuten zuvor bei der Frankfurter Eintracht unterschrieben hat. Für den FC Bayern läuft er hingegen nie auf ...

Wuttkes Fehlstellung

Dass Wolfram Wuttke ein begnadeter Fußballer war, bewies er in insgesamt 299 Bundesligaspielen, in denen er 66 Treffer markierte. Während seiner Zeit beim 1. FC Kaiserslautern, wo er zwischen 1985 und 1989 112 Pflichtspiele bestritt, kam Wuttke endlich darauf, was sein Erfolgsgeheimnis sein musste: der krumme, leicht nach innen gedrehte rechte Fuß. »Der liebe Gott hat mir diese Füße in die Wiege gelegt, mit ihnen bringe ich die Bälle zum Flattern, und so wird jeder Schuss für den Torwart schwieriger«, erklärte Wuttke seine erfreuliche »Fehlstellung«. Zwar befürchtete der Spielmacher immer wieder, damit seine Bänder und Gelenke zu schädigen, doch Nationalmannschaftsarzt Heß bestätigte ihm, dass bei seinen Schüssen nichts kaputtgehen könne. Außer vielleicht den Nerven der Torhüter.

Immels blödes Gegentor

Borussia Dortmund, VfB Stuttgart, Manchester City, deutsche Nationalmannschaft – Eike Immel war ein richtig guter Torhüter. Doch auch solchen Spielern passieren eben mal grobe Fehler. So wie Immel im Spiel des VfB gegen Hannover 96 in der Bundesligasaison 1987/88: Nachdem seine Kollegen bereits das 2:0 gegen die Niedersachsen erzielt hatten, stürmte der Keeper aus seinem Kasten, um den Abwehrspielern Anweisungen zu geben. Blöd nur, dass Hannovers Stürmer Siegfried Reich da bereits den Anstoß ausgeführt und den Ball über Immel hinweg ins Tor geschossen hatte ...

Das stinkt zum Himmel

Es ist der Klassiker unter den Fragen im Nachgang eines jeden Fußballspiels in den Amateurligen dieser Welt: Wer erklärt sich bereit, die vollgeschwitzten und dreckigen Trikots, Hosen und zusammengeknüllten Stutzen mitzunehmen und zu waschen? Meist dauert die Suche nach einem – halbwegs – Freiwilligen ewig. Völlig in die Hose ging das Ganze im Frühjahr 2018 beim Schweizer Drittligisten Breitenrain Bern. Als das Team nämlich vor seinem Auswärtsspiel beim FC Länggasse die Trikottasche öffnete, um sich für das Duell in Schale zu werfen, blieb den Spielern erst einmal der Atem weg. Denn derjenige, der für die Trikotwäsche zuständig gewesen wäre, hatte seinen Job sträflich vernachlässigt. Nicht einmal zum Lüften war die Spielkleidung aufgehängt worden, sodass die Trikots eine Woche lang vollgeschwitzt in einer geschlossenen Tasche geschmort hatten. Doch glücklicherweise erwies sich sogar der Schiedsrichter der Partie als kulant und verschob den Anpfiff, sodass die Berner einen neuen Trikotsatz organisieren konnten. Denn – und da waren sich alle einig – den Gestank der Kleidungsstücke wollte man nicht nur selbst nicht über 90 Minuten ertragen müssen, sondern auch der Gegner sollte verschont bleiben.

Britische Rutschpartie

Im Mutterland des Fußballs ist die Leidenschaft zum schönsten Sport der Welt bekanntlich riesig. Das führt mitunter dazu, dass die Klubs auf der Insel auf grandiose Ideen kommen. So auch im Jahr 2013 bei Newcastle United. Um den Fans nach den Spielen im heimischen St. James Park nach dem Abpfiff das Verlassen des Stadions zu erleichtern – und zusätzlich auch nach der Partie für Spaß zu sorgen –, planten die Verantwortlichen die Installation von Rutschen an den Ausgängen. Inspiriert wurden sie dabei unter anderem von ähnlichen Konzepten in den Niederlanden, wie etwa am Bahnhof der Stadt Utrecht. Durchgesetzt hat sich die geplante Rutschpartie allerdings bis dato nicht. Schade eigentlich.

Der zwölfte Mann

Kurzer Ausflug nach Honduras, wir schreiben das Jahr 2017: In der Partie CD Olimpia aus der Hauptstadt Tegucigalpa gegen CD Motagua steht es in der dritten Minute der Nachspielzeit 1:2 – aus Olimpia-Sicht. Höchste Zeit also, noch mal Vollgas zu geben. Und tatsächlich, es fällt der erlösende Ausgleichtreffer! Doch kein Feldspieler hatte ihn ermöglicht – sondern ein Fan. Was war passiert? Während Olimpia über die linke Seite in den Strafraum stürmte, mogelte sich ein Flitzer in die Partie und »übernahm« den Raum auf der freien rechten Seite. Als er dann auch noch einen zweiten Ball ins Spiel brachte (die Schiedsrichter waren zu diesem Zeitpunkt auf einen entfernten Teil des Spielfeldes konzentriert) und diesen geschickt ins Zentrum flankte, wuchtete ein Olimpia-Stürmer diesen tatsächlich ins Tor. Da war er wieder, der »zwölfte Mann«! PS: Der Treffer zählte trotz Protest des Gegners, weil die Unparteiischen das Spiel nicht unterbrochen hatten.

Das absurde Golden Goal

Neue Regeln, neue Möglichkeiten! 1994 testete die FIFA beim Shell Caribbean Cup (Karibikmeisterschaft) das System des »Golden Goals«. Und die Regel galt bereits in der Vorrunde, was dazu führte, dass es keine Unentschieden gab. Es stellte sich jedoch die Frage, wie Tore in der Verlängerung gezählt werden – weil das ja für die Tordifferenz in der Tabelle entscheidend war. Man entschloss sich schließlich dazu, »Golden Goals« doppelt zu werten – ein 1:0 nach Verlängerung bedeutete ein 2:0 in der Tabelle. Und vorm letzten Gruppenspiel (Grenada gegen Barbados) in der Gruppe 1 las sich die Tabelle folgendermaßen:

1. Grenada: 3 Punkte / 2:0 Tore
2. Puerto Rico: 3 Punkte / 1:2 Tore
3. Barbados: 0 Punkte / 0:1 Tore

Um in die Final- bzw. Hauptrunde zu gelangen, war Barbados also dazu verdammt, irgendwie mit zwei Toren Differenz zu gewinnen. Nach einer guten Stunde Spielzeit lag Barbados auch mit 2:0 vorne, schoss aber zum Erstaunen vieler plötzlich ein Eigentor. Seltsam: Dieser neue Spielstand (2:1) hätte eigentlich das Aus für Barbados bedeutet. Doch die Spieler hatten offensichtlich die neue Regel längst verinnerlicht und clever interpretiert: Ein Tor in der Verlängerung zählt doppelt? Dann nichts wie hin! Deshalb schossen sie kurz vor Abpfiff sogar noch ein Eigentor, um mit dem Unentschieden in die Verlängerung zu kommen, in der das Team dann auch clever das 3:2 machte. Regelkonform wurde dieser Treffer doppelt gewertet, was Barbados den Einzug in die Hauptrunde sicherte. Wie abgezockt!

Daum'sche Logík

In der Bundesligasaison 1987/88 lief es für den 1. FC Köln unter dem damals jungen und aufstrebenden Trainer Christoph Daum einfach richtig gut. Vom vom vierten Spieltag an war der FC stets unter den ersten Dreien in der Tabelle zu finden. Auch als nach 34 Spieltagen die Kölner Tabellenplatz drei belegen, war Daum sehr zufrieden. Seine einfache Erklärung für die Zufriedenheit: »Wären wir Zweiter geworden, dann gäbe es in der nächsten Saison nur noch eine einzige Steigerung.« Diesen Druck wollte aber keiner haben ...

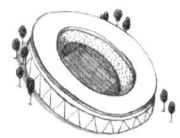

Paríser von London

Die Trikotwerbung in der Fußballbundesliga kam in den 1970er-Jahren in die Mode, und mit ihr gelegentlich auch Verwirrung rund um das Logo auf den Trikots der Klubs. So geschehen in der Saison 1987/88 beim FC Homburg, der für den Kondomhersteller London warb – und damit die Verantwortlichen des DFB auf die Palme brachte. Beim Verband sah man in der Trikotwerbung des FCH eine Sittenwidrigkeit, was die Vereinsverantwortlichen natürlich so gar nicht verstehen wollten. Präsident Ommer sagte: »Von jeder Litfaßsäule grüßt Gesundheitsministerin Rita Süßmuth mit Werbung für Kondome – ein Wahnsinn, dass wir es nicht durften.« Als der DFB dem FCH jedoch mit einem Punktabzug drohte, gab man klein bei und überklebte den Aufdruck. Allerdings nur für kurze Zeit, denn nur wenig später war das Schlupfloch gefunden: Man berief sich darauf, dass die Firma London neben Kondomen ja auch Schnuller herstelle. Problem gelöst!

Der blaue Pullí

Neupreis: 80 Mark. Daraus wurden am Ende 36 000 Mark – für den blauen Pullover von Udo Lattek. Diesen trug der damalige Sportdirektor des 1. FC Köln in der Bundesligasaison 1987/88 während einer stolzen Serie von 15 ungeschlagenen Spielen. Ob es an Latteks Glücksbringer lag, dass die Rheinländer sogar gegen den FC Bayern München keine Niederlage einstecken mussten, weiß keiner. Fakt ist aber, dass die Kölner Serie erst mit einer 1:2-Pleite gegen den SV Werder Bremen riss. Lattek hatte seinen Pullover so ins Herz geschlossen, dass er den Fans zurief, sein Kleidungsstück würde »vier Millionen« kosten. Am Ende wurden es halt 36 000 Mark, die die Kölner Firma 4711 zahlte. Der Erlös ging an die Mainzer Kinderkrebshilfe. Und Latteks Kölner landeten am Ende der Saison – auch dank des blauen Glückspullis – auf Tabellenplatz drei.

Der brennt fürs Team

Frank Mill, erfolgreicher Stürmer Borussia Dortmunds, hatte in der Bundesligasaison 1987/88 im Derby gegen den FC Schalke 04 eine ganz eigene Methode, mit einem fiesen Angriff auf ihn vor dem Anpfiff umzugehen. Gelsenkirchener Fans hatten den ehemaligen Nationalspieler nämlich beim Einlaufen mit einer Feuerwerksrakete getroffen, Verbrennungen an den Oberschenkeln waren die Folge. Doch Mill dachte gar nicht daran, sich das Prestigeduell deswegen entgehen zu lassen. Das End vom Lied: Der BVB bestrafte die dumme Aktion der Schalker Fans mit einem Derbysieg. Torschütze zum 4:1-Endstand: Frank Mill.

»Bums der Líga«

In der Bundesligasaison 1988/89 kommt der Fernsehsender RTL auf eine grandiose Idee: Durch aufwändige Messungen ermittelt man den härtesten Schuss, den »Bums der Liga«. Was Ralf Zumdick, Torhüter des VfL Bochum, bereits früher erkannt hatte, bestätigen jetzt auch die Werte: Martin Kree führt die Statistik an. Satte 142,9 km/h ermittelt RTL damals. Heute ist das keine Seltenheit mehr. Der derzeitige Rekord liegt übrigens bei 210,9 km/h, aufgestellt wurde er im November 2006 von Ronny, der damals für Sporting Lissabon, später unter anderem für Hertha BSC auf Torejagd ging.

Rot-Sucht

Argentinien und Fußball, da geht es mit Herzblut zur Sache und manchmal auch mit gesunder Härte. In einem Spiel der fünften Liga wurde es im Jahr 2011 ganz besonders stimmungsvoll – allerdings auf unschöne Art und Weise. Kurz vor Abpfiff gestaltete sich eine Rudelbildung zur Massenschlägerei, Schiedsrichter Damien Rubino zückte Rote Karte um Rote Karte, was jedoch gar nichts brachte. Im Gegenteil, immer mehr Spieler und Verantwortliche beteiligten sich an der Keilerei. Im Spielbericht hielt Rubino später fest, allen Spielern, Ersatzspielern und Trainern einen Platzverweis erteilt zu haben – das macht 36 Rote Karten. Weltrekord! Dieser wurde aber nur rund ein Jahr später in Paraguay eingestellt. Nachdem sich zwei Spieler der Junioren von Teniente Farina und Club Libertad in den letzten fünf Minuten handfest in Haare bekamen, zeigte Referee Nestor Guillen erst zweimal Rot, auf der Flucht in die Schiedsrichterkabine gab es 34 weitere Platzverweise.

Wettschulden sind Ehrenschulden

Da hatte Magrit Niebaum alle Händevoll zu tun: Im Jahr 1989 versprach die Ehefrau von Gerd Niebaum, dem Präsidenten von Borussia Dortmund, vor dem Pokalfinale, sie würde im Falle des Triumphs in Berlin allen Kindern von Spielern des BVB einen gelb-schwarzen Pulli stricken. Gesagt, getan – und so kam es, dass bei einem späteren Heimspiel der Dortmunder gegen den FC Homburg stolze 17 Kids in BVB-Pullovern auf der Tribüne saßen und sich gemeinsam über einen 3:0-Sieg der Väter freuen konnten.

Iniestas Wunderheilung

Auf mickrige vier Minuten Einsatzzeit kam Andrés Iniesta beim FC Barcelona im Saisonendspurt, bevor er vor der Weltmeisterschaft 2010 zur spanischen Nationalmannschaft stieß. Seit über einem Jahr laborierte er bereits an einer Oberschenkelverletzung, die immer wieder aufbrach. Zuletzt während einer Torschussübung wenige Tage vor dem Champions-League-Halbfinale gegen Inter Mailand im April 2010. Tränenüberströmt humpelte Spaniens Mittelfeldgenie damals vom Trainingsgelände. Im Flieger nach Südafrika haderte Iniesta mit sich und seinem Körper. Dann legte er eine DVD ein, die ihm Emili Ricart, Physiotherapeut beim FC Barcelona, mitgegeben hatte. Fernando Alonso, Rafael Nadal, Iniesta selbst: Der Film zeigte einen Zusammenschnitt von Niederlagen und Höhepunkten spanischer Sportgrößen. Ob es nun wirklich an der Selfmade-DVD eines Physiotherapeuten lag, ist unklar. Klar ist hingegen: Iniesta spielte in Südafrika das Turnier seines Lebens und erzielte im WM-Finale gegen die Niederlande das Siegtor.

Millas Comeback

Als der Kameruner Roger Milla vom Präsidenten gefragt wurde, ob er nicht Lust hätte, bei der Weltmeisterschaft 1990 in Italien mitzuspielen, war der Stürmer im Ruhestand zunächst skeptisch. »Ich hätte nicht gedacht, dass meine Beine mitmachen würden«, äußerte sich der damals schon 38-Jährige später. Milla brachte sich dennoch bei Sporting Toulon still und heimlich in Turnierform. Seine Beine hielten durch, und wäre Milla nicht so verdammt alt gewesen, hätte der Kameruner als die Entdeckung der WM durchgehen können. Mit einem Doppelpack in der Gruppenphase gegen Rumänien und einem weiteren im Achtelfinale gegen Kolumbien schoss der Stürmer die »unbezähmbaren Löwen« bis ins Viertelfinale. Dort scheiterte Kamerun in der Verlängerung auf dramatische Weise an den Engländern. Weiter kam bisher kein afrikanisches Team bei einer Weltmeisterschaft. Und mit der Eckfahne tanzen konnte der alte Mann auch noch ...

»Sie hatten drei Anrufe in Abwesenheit«

Als Deutschlands Bundestrainer Jogi Löw wenige Wochen vor der Fußballweltmeisterschaft 2018 in Russland seinen vorläufigen Kader für das Turnier bekannt gab, staunten die Journalisten sowie die Fans in der Republik nicht schlecht. Schließlich gehörte mit Nils Petersen, Stürmer des

SC Freiburg, eine faustdicke Überraschung zum vorläufigen 27-köpfigen Aufgebot. Doch beinahe wäre es gar nicht dazu gekommen, dass der Edeljoker aus dem Breisgau überhaupt zur Nationalmannschaft reisen konnte. Denn als Löw sein Telefon schnappte und versuchte, Petersen anzurufen, um ihm die frohe Botschaft zu verkünden, weilte der Angreifer noch mit seinen Kollegen vom SCF auf Mallorca, um den frisch eingetüteten Klassenerhalt zu begießen. Bei einer Pressekonferenz während der Vorbereitung gestand Petersen dann mit einem Schmunzeln, drei verpasste Anrufe des Bundestrainers auf dem Handy gehabt zu haben. Versuch Nummer vier klappte dann aber ...

Einarmiger Profi

Der spätere kolumbianische Fußballer Santiago Arroyave kam mit nur einen Arm auf die Welt. Klar, dass es ein großes Medieninteresse zu seinem Profidebut beim Profi-Klub Loenes im Mai 2018 gab. Alle waren gespannt, wie sich das junge Talent (damals 18 Jahre alt) auf dem Feld schlagen würde. In einem Pokalspiel kam er zu seinem ersten Einsatz: Kurz vor Ende der Partie gegen Deportivo Pereira brachte der Coach Santiago auf den Platz. Das Publikum war begeistert. Die Partie konnte zwar nicht gewonnen werden, aber die Herzen der Fans gewann er!

Hubschraubereinsatz

Zu einem kuriosen Platzverweis kam es im Dezember 2015 in der chilenischen Liga. In der Partie zwischen Huachipato und Palestino, die 0:0 endete, kassierte Huachipatos Anyelo Zagal einen wahrlich lächerlichen Platzverweis. Nach einem Zweikampf mit einem Gegenspieler an der Seitenlinie hatte der Assistent, der nur wenige Meter entfernt an der Seitenlinie stand, ein Foul gesehen und die Fahne gehoben, um das Spiel zu unterbrechen. Im Eifer des Gefechts schoss Zagal nach dem Pfiff des Unparteiischen den Ball weg, der dann leicht den Oberschenkel des Linienrichters touchierte. Dieser zögerte noch einen Moment, um dann theatralisch zu Boden zu sinken und sich den Schenkel zu halten. Schiri Claudio Puga zeigte dem »Übeltäter« die Rote Karte und schickte ihn unter die Dusche. Aber er hatte ja auch keine Wahl, oder hätte er seinen Assistenten als Simulanten enttarnen sollen?

Hattrick-Festival

So tickt nur der Amateurfußball! Unglaubliche 13 Tore erzielte Ronny Lindemann von der SG Seeben II in der Partie gegen den BSV Halle-Ammendorf III im Jahr 2016. Und noch besser: Ihm gelangen in diesem Spiel gleich drei Hattricks. Aber der Reihe nach: Den ersten Hattrick machte er in nur 360 Sekunden, und so führte sein Team bereits in der achten Spielminute mit 3:0. Aber Lindemann konnte es noch schneller: In den Minuten 58, 60 und 61 gelang ihm sogar innerhalb von nur vier Minuten ein Hattrick. Spielstand: 20:0. Für seinen dritten Hattrick ließ Lindemann sich dann wieder etwas Zeit: Für die Treffer zum 23:0, zum 24:0 und zum 25:0 benötigte er acht Minuten. Na gut, jeder hat mal schwächere Momente. Aber auch ein Teamkollege Lindemanns war treffsicher an diesem Tag: Marcel Höber versenkte in diesem Spiel siebenmal den Ball im gegnerischen Tor, darunter war selbstverständlich auch ein Hattrick. Am Ende stand es 28:0. Vier Hattricks in einer Partie. Verrückt.

Messi for free

Dass Lionel Messi einer der besten Fußballer aller Zeiten ist, daran besteht schon lange kein Zweifel mehr. Sein Marktwert wird auf über 150 Mio. € geschätzt. Und doch könnte der argentinische Superstar unter Umständen zum Nulltarif erhältlich sein. In seinem Vertrag beim FC Barcelona versteckt sich nämlich eine irre Klausel: Sollte der katalanische Klub irgendwann einmal nicht mehr in einer europäischen Liga mitspielen, würde Messis Arbeitspapier ungültig werden. Gut, das Ganze ist recht unwahrscheinlich. Aber mit Blick auf die angestrebte Abspaltung Kataloniens von Spanien dürfte den Barça-Verantwortlichen diese Klausel wohl doch noch einmal in den Sinn gekommen sein ...

Jetset-Leben

Im Juli 2017 verließ Anthony Modeste den Bundesligisten 1. FC Köln, um sich dem chinesischen Klub Tianjin Quanjian anzuschließen. Doch ganz so gut schien es ihm in China nicht zu gefallen. Die Boulevardzeitung Express will damals erfahren haben, dass sich der erfolgreiche Stürmer eine ganz besondere Klausel in seinen Megavertrag, in dem ein Jahresgehalt von rund zehn Millionen Euro verankert war, hat schreiben lassen – die Zusicherung einer unbegrenzten Anzahl an Freiflügen von China nach Köln. Er wollte schließlich seine Familie, die nach dem Wechsel in Deutschland blieb, so oft wie möglich besuchen. Aber selbst diese Freiflüge machten Modest auf Dauer nicht glücklich. Bereits Ende 2018 zog es ihn aus China zurück in die Domstadt.

Bloß kein Rot!

Das Portal Football Leaks hat schon in der Vergangenheit Verträge mit kuriosen Klauseln veröffentlicht. Anfang 2018 kam der Kontrakt von Rafael van der Vaart bei seinem Exklub Betis Sevilla an die Öffentlichkeit – und sorgte für Schmunzeln. Denn der Niederländer soll angeblich 1,6 Millionen Euro allein dafür kassiert haben, dass er nicht mit roten Schuhen aufläuft. Die Farbe Rot bei Betis zu verbannen, liegt in der großen Rivalität zum FC Sevilla begründet, dessen Vereinsfarben Rot und Weiß sind. Bei seinen wenigen Einsätzen für Betis trug van der Vaart zumeist dunkle Schuhe – für das Geld wäre er vermutlich auch ohne Schuhe aufgelaufen.

Balotellis Maserati

Fußballprofis und Autos, das ist mitunter eine heikle Angelegenheit. Ganz besonders gilt dies für den Italiener Mario Balotelli. Der Mann, der die deutsche Nationalmannschaft bei der EM 2012 quasi im Alleingang im Halbfinale besiegte, häufte im Jahr 2011 innerhalb kürzester Zeit Strafzettel in Höhe von über 11 000 Euro an. Damals fegte der Stürmer für Manchester City nicht nur rasant über den Platz, sondern nahm auch auf den Straßen wenig Rücksicht. Im Schnitt bis zu drei Strafzettel sammelte Balotelli am Tag, meist fürs Falschparken. Gleich 27 Mal wurde sein Maserati außerdem abgeschleppt. Die Stadt Manchester wird es aus finanzieller Sicht gefreut haben.

Starallüren

Als Emmanuel Adebayor, togolesischer Stürmer, vertragslos war, zeigte er bei Verhandlungen mit dem französischen Topklub Olympique Lyon wenig bis gar keine Demut. Das erklärte Lyons Trainer Bruno Genesio. Adebayor forderte demnach eine Villa mit Pool, einen Starkoch, einen Helikopter für Flüge zum Training und zudem die Trikotnummer 10. Beim Treffen mit den Verantwortlichen soll er sich zudem wohl extrem unprofessionell verhalten haben. »Er bestellte einen Kaffee und ein Glas Whisky, und dabei hatte er eine Zigarette im Mund. Er wollte gar nicht für Lyon spielen«, sagte Genesio. Deutlicher hätte man Desinteresse tatsächlich kaum machen können.

Gut verhandelt

Claudio Ranieri, ehemaliger Meistertrainer des englischen Klubs Leicester City, hat vor der Saison 2015/16 anscheinend enormes Verhandlungsgeschick bewiesen. In seinem Vertrag sollte laut Daily Mail eine Klausel enthalten sein, die ihm am Ende der Saison 100 000 Pfund für jeden Rang oberhalb des 18. Tabellenplatzes sicherte. Die »Füchse« holten tatsächlich vollkommen überraschend den Titel, und Coach Ranieri erhielt angeblich einen Bonus in Höhe von 1,7 Millionen Pfund – umgerechnet 2,3 Millionen Euro. Die Mannschaft hingegen schien weniger Verhandlungsgeschick zu besitzen. Sie soll sich laut der Sun nämlich nicht einmal einen Bonus für das Erreichen der Champions League in die Verträge hat schreiben lassen. Ganz leer sind aber auch die Spieler in Leicester gewiss nicht ausgegangen, denn der Besitzer von Leicester City mit dem klangvollen Namen Vichai Srivaddhanaprabha war nicht für Geiz bekannt. Der viertreichste Mann Thailands starb zwei Jahre später bei einem tragischen Unfall, als sein Hubschrauber nach einem Premiere League Spiel beim Start verunglückte.

Häuslebauer

Bei seinem Wechsel zu Arminia Bielefeld in den 1990er-Jahren hatte Stürmer Guiseppe Reina – so berichtete es damals die Welt – eine Klausel im Vertrag, die ihm garantierte, dass ihm der ostwestfälische Verein pro erfülltem Vertragsjahr ein neues Haus bauen sollte. Da aber nicht festgehalten wurde, um welche Art Haus es sich handelte, einigte man sich schlussendlich auf eine Abfindungszahlung, bevor sich die Gerichte mit dem Thema beschäftigen mussten.

Falsch gepokert

Yildiray Bastürk, der frühere Star des VfB Stuttgart, träumte von der großen Karriere, als er 2007 bei den Schwaben unterschrieb. Er ließ eine Ausstiegsklausel in den Vertrag einbauen – für seine acht Lieblingsklubs. Dazu gehörten unter anderem die spanischen Topvereine Real Madrid und der FC Barcelona. Kurios: Von der möglichen Ablöse hätte der Türke die Hälfte in die eigene Tasche kassiert. Im Jahr 2010 wechselt Bastürk zu Blackburn – ablösefrei! Ob der englische Klub zu den acht Favoriten gehörte, sei mal dahingestellt ...

Alleinherrscher

Sam Hammam, der ehemalige Besitzer des englischen Klubs FC Wimbledon, hatte seinerzeit eine überragende Idee. So ließ er im Vertrag mit Trainer Bobby Gould, der von 1987 bis 1990 für das Team aus dem Süden Londons verantwortlich war, den Passus einarbeiten, dass er als Besitzer bis 45 Minuten vor Spielbeginn noch Einfluss auf die Mannschaftsaufstellung nehmen konnte. Allzu schlecht lief es nicht für das »Trainer-Duo« Gould und Hammam – schließlich konnte der FC Wimbledon in der Saison 1987/88 gleich mal gegen den haushoch favorisierten FC Liverpool mit 1:0 den FA Cup gewinnen.

Keine Schanze

Fußballer und ihre Hobbys – das passt wahrlich nicht immer. So auch beim Norweger Stig Inge Bjørnebye. Dieser war riesiger Skisprungfan. Doch um hinsichtlich einer Verletzung kein Risiko einzugehen, unterband sein Klub, der FC Liverpool, diese Leidenschaft Anfang der 1990er-Jahre im Keim. Die Reds ließen vertraglich festhalten, dass sich Bjørnebye Skisprungschanzen nur bis auf 180 Meter nähern durfte.

Präsidenten-Hopping

Am 21. November 1988 fand in Gelsenkirchen die Jahres-
hauptversammlung des FC Schalke 04 statt. Für Michael Zylka sollte es ein wegweisender Tag werden, schließlich wurde
der Betriebswirt als im Fußball gänzlich unbeschriebenes
Blatt mit insgesamt 675 Stimmen zum neuen Vereinspräsidenten und damit Nachfolger von Günter Siebert gewählt.
Ein Neuanfang für die Königsblauen stand auf dem Plan.
Man wolle nun alle Fakten auf den Tisch legen, kündigte
Zylka selbstbewusst an. Doch nur drei Tage später war der
neue Präsident schon wieder Geschichte – bei einer Pressekonferenz verkündete Zylka seinen Rücktritt. Seine Begründung: Er habe sich nicht gegen die alteingesessenen Schalker in Vorstand und Verwaltungsrat durchsetzen können.
Außerdem habe man ihm gleich zu Beginn seiner Präsident-
schaft »dermaßen die Pistole auf die Brust gesetzt«, dass er
innerhalb weniger Tage »um zehn Jahre gealtert« sei. Und so
folgte gleich der Nächste – neuer Präsident wurde im Januar
Günter Eichberg, der immerhin vier Jahre bei S04 blieb.

Bibbern vor den Bibern

In Schweden war Ende 2017 der Jubel über die geglückte
Qualifikation für die Weltmeisterschaft in Russland im Sommer 2018 groß. Allerdings gab es auch fußballbegeisterte
Schweden, deren Aussicht auf die WM mit Sorge verbunden war. Im Dörfchen Österaker kam es nämlich bereits in
den Qualispielen gegen Italien zu Komplikationen mit der

Stromversorgung. Viele Häuser (und somit auch TV-Geräte) hatten schlicht keinen Strom. Der Grund waren Biber. Die gefräßigen Nager hatten einige Bäume zum Kippen gebracht und damit die Stromversorgungsstationen lahmgelegt. Und so bekam der Förster in Österaker in dieser heiklen Situation eine klare Mission zugeteilt, nämlich dafür Sorge zu tragen, dass die Stromversorgung im Ort zur WM garantiert ist. Wie genau er das angestellt hat, das wollen wir im Sinne der Bieber lieber nicht wissen.

Summm, Summm

Und gleich noch mal tierisch: Manchmal ist eine Fußballpartie nach nur zehn Minuten vorbei. So ist es passiert in Ecuador, in der Begegnung zwischen SD Aucas und CD River Plate Ecuador im Jahr 2016. Im Stadion von Guayaquil terrorisierten Bienen sowohl Spieler auf dem Feld als auch die Zuschauer auf den Tribünen. Selbst Experten und Fachleute (Imker) konnten nichts dagegen ausrichten. Es kam zum Spielabbruch. Einen Tag später konnte gespielt werden – ohne Bienen. Aucas siegte mit 3:0.

Kopfballtor à la Hoeneß

In der Relegation werden wahre Helden geboren! So auch in der Begegnung zwischen dem TSV Mauth und dem FC Untermitterdorf im Juni 2018. Dabei machte sich Untermitterdorfs Marcus Timm unsterblich, als er in der 81. Minute per Kopfballtor für den 2:1-Sieg sorgte. Und das zu Recht: Schon zu Beginn der Partie, lange vor seinem Kopfballtreffer also, zog er sich eine schwere Platzwunde am Kopf zu und musste behandelt werden. Wie einst Dieter Hoeneß im Pokalfinale 1982 kehrte er allerdings mit Turban auf den Platz zurück und sorgte am Ende durch sein Tor (per Kopf) für das »Wunder in der Relegation«.

Pastoors' Selbsteinwechslung

Manchmal ist es für Trainer am Seitenrand einfach zum Haareraufen. Wie gern würde man sich einfach selbst einwechseln, um das strauchelnde Team im Alleingang auf die Siegerstraße zu bringen! Genau so geschehen ist das in der Kreisliga im April 2016 im Spiel zwischen der Union Wetten und dem SV Nütterden. Timo Pastoors, Wettener Coach, hatte nach der ersten Halbzeit genug gesehen, denn gegen das Kellerkind aus Nütterden lag seine Mannschaft mit 0:1 zurück. Zum Start des zweiten Durchgangs wechselte sich der Trainer Pastoors einfach selbst ein und mischte direkt kräftig mit. Zwischen der 63. und 74. Minute traf er gleich dreimal ins Schwarze – um sich direkt nach dem dritten Streich wieder auszuwechseln. Damit schoss Pastoors seine Mannschaft fast im Alleingang zum 4:2-Sieg und hatte nicht nur großen Anteil am dreifachen Punktgewinn, sondern es seinen Schützlingen auch mal so richtig gezeigt ...

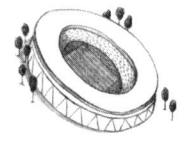

Selbstüberlistung

In der württembergischen Kreisliga B gab es im Mai 2018 einen kuriosen Spielverlauf: Spitzenreiter FC Kosova Weingarten erzielte in der Partie gegen den TSV Oberreitnau alle drei Tore, verlor aber das Spiel. Oberreitnau gewann die Begegnung also mit 2:1, ohne selbst einen Treffer erzielt zu haben. Bereits nach fünf Minuten war es so weit, ein Kosova-Spieler überwand den Keeper. Ärgerlich nur, dass keinesfalls der Oberreitnauer Torwart Bastian Strodel den Ball aus dem Netz holte, vielmehr musste Kosovas Schlussmann Zeqir Krasniqi hinter sich greifen. Diesen Rückstand konnte der Tabellenführer jedoch noch wettmachen. Sedat Halili traf in der elften Spielminute zum Ausgleich – und sollte an diesem Tag der einzige Kosova-Spieler bleiben, der ins gegnerische Tor traf. Den spielentscheidenden Treffer in der 80. Minute markierte zwar erneut ein Spieler der Gastgeber, allerdings zappelten abermals die eigenen Maschen. Drei Buden, zwei davon Eigentore! Bitter für den FC Kosova: Nach dem Eigentor-Spieltag musste die Tabellenführung an den SV Tannau abgetreten werden.

Der Fahrstuhlklub

Fahrstuhlfahren ist nicht jedermanns Sache – dem FC SF Delhoven aus der niederrheinischen Kreisliga A dagegen scheint das sportliche Auf und Ab äußerst gut zu gefallen: Der im Mai 2018 klargemachte Aufstieg in die Bezirksliga war für den Verein der fünfte Auf- oder Abstieg in Folge. Seit 2013 spielte man in Delhoven jedes Jahr abwechselnd Bezirks- oder Kreisliga. »Wir haben einfach Spaß am Feiern. Wenn wir aufsteigen, feiern wir, und wenn wir absteigen, feiern wir«, erklärte Betreuer »Didi« Schmitt in einem Beitrag der Fernsehsendung Zeiglers wunderbare Welt des Fußball«. Humor hat man jedenfalls beim »Fahrstuhlklub« aus Delhoven ...

Deutsche Dominanz

Dass deutsche Nationalmannschaften bei Weltmeisterschaften meistens gut abschneiden, ist weltweit bekannt und gefürchtet. Nicht umsonst wird das DFB-Team vielerorts als Turniermannschaft betitelt. Doch auch die Qualifikationsrunden liegen den Adlerträgern anscheinend – denn seit 1934 verlor Deutschland überhaupt erst zwei Qualispiele zu WM-Turnieren. 1985 gab es in Stuttgart ein 0:1 gegen Portugal, 2001 besiegte die Auswahl Englands das DFB-Team in München mit 5:1. Auswärts ist Deutschland – Stand 2018 – in WM-Qualifikationen ungeschlagen.

Keine Inder

Das größte Land der Welt, das noch nie an einer FIFA-Fußball-weltmeisterschaft teilgenommen hat, ist auch nach der WM 2018 in Russland weiterhin Indien, das immerhin 1,3 Millionen Einwohner zählt. Zwar wurde die indische Auswahl 1950 aufgrund des Rückzugs einiger Mannschaften für die Endrunde in Brasilien eingeladen, damals lehnte der Verband eine Teilnahme aber ab. Angeblich, weil die FIFA den indischen Spielern verboten hatte, die Turnierspiele barfuß zu bestreiten.

Der zweifache Monti

Luis Felipe Monti war ein ganz besonderer Fußballspieler. Das lag nicht unbedingt an seinen Qualitäten auf dem Platz, sondern vielmehr an einem einzigartigen Alleinstellungs-merkmal: Der 1901 in Buenos Aires geborene Mittelfeld-spieler stand nämlich als einziger Spieler für zwei unter-schiedliche Nationen in einem WM-Finale. 1930 verloren Monti und die argentinische Nationalmannschaft noch das Endspiel mit 2:4 gegen Uruguay, vier Jahre später holte der zwischenzeitlich nach Juventus Turin gewechselte Spielma-cher mit Italien den WM-Titel. In Rom hatten die Italiener die Tschechoslowakei nach Verlängerung mit 2:1 besiegt.

Brasíliens Albtraum

Die FIFA-Fußballweltmeisterschaft 2014 in Brasilien hatte für das Gastgeberland zum großen Triumph werden sollen. Und tatsächlich erreichte die Seleção zwar nach starken Leistungen im Turnier das Halbfinale, dann aber endete der Traum vom Titel in der Heimat abrupt. Einen bitteren Rekord sicherte sich die brasilianische Auswahl dabei, denn nur einmal kassierte der Gastgeber einer Fußballweltmeisterschaft während des Turniers die meisten Gegentore. 14 Stück waren es 2014 für Brasilien. Großen Anteil daran hatte natürlich das unglaubliche 1:7 gegen den späteren Weltmeister Deutschland im Semifinale – unvergessen!

Der Allrounder

Er war wohl der vielseitigste Mann der Fußballweltmeister-schaft 1930 in Uruguay: Ulises Saucedo aus Bolivien war bei der Endrunde in Südamerika nicht nur bei fünf Partien als Linienrichter sowie einmal als Schiedsrichter aktiv, sondern auch in der Coachingzone – wenn man die damals schon so nennen konnte. Denn in zwei Turnierspielen war Sauce-do außerdem als Cheftrainer der bolivianischen National-mannschaft im Einsatz. Das allerdings mit weniger Erfolg, denn die Partien gegen Jugoslawien und Brasilien wurden jeweils mit 0:4 verloren. Heutzutage ist dies Kombination eher schwer vorstellbar.

Buenas noches, Kínder!

Für die spanische Nationalmannschaft liefen die ersten Au-genblicke vor der Weltmeisterschaft 2018 in Russland nicht wirklich nach Plan. Zwar war die Anreise ins Teamhotel ohne Probleme vonstatten gegangen, dort angekommen fanden die Stars der spanischen Auswahl allerdings in ihren Zimmern Kinderbetten vor. Für Iniesta, mit 1,71 Metern ein eher klei-ner Spieler, wäre das vielleicht kein Problem gewesen, enger wäre es wohl für Gerard Pique oder David de Gea geworden, die beide an der Zweimetermarke kratzen. Lösung des Pro-blems: Der Verband kaufte kurzerhand neue Betten für die Spieler. Und auch ein weiterer Fauxpas war glücklicherweise schnell behoben: Im Hotel-TV gab es zunächst nur einen spa-nischsprachigen Sender – zu wenig für die Spanier! Ob auch noch Paella eingeflogen wurde, ist nicht bekannt ...

Narcos, Marquez?

Der Mexikaner Rafael Marquez hatte bei der Weltmeisterschaft 2018 in Russland zumindest zu Beginn nicht viel zu
lachen. Denn nachdem ihn das US-amerikanische Außenmi-
nisterium im Jahr 2017 beschuldigt hatte, Kopf eines Dro-
genkartells zu sein, wollten die Sponsoren der mexikani-
schen Nationalmannschaft nicht mehr auf der Ausrüstung
von Marquez zu sehen sein. Ebenfalls kurios in diesem Zusammenhang: Da die Bankkonten des ehemaligen Profis des
FC Barcelona allesamt gesperrt waren, zahlte sein Verein At-
las Guadalajara das Gehalt kurzerhand bar aus. Wenn er ein
Drogenbaron gewesen wäre, hätte er dass wohl nicht nötig
gehabt.

Bitte lächeln

Was in vielen Ländern der Welt einfach als höfliche Geste
gilt, kann in Russland teilweise falsch verstanden werden
und zu Problemen führen: ein Lächeln im Gesicht. Um aber
während der Weltmeisterschaft in Russland im Sommer
2018 gastfreundlich zu wirken, waren die Mitarbeiter der
Bahn dazu angehalten, während des Turniers nett zu lächeln und den Fans so ein besseres Gefühl im öffentlichen
Raum zu geben. Für die einwandfreie Umsetzung sollen die
Mitarbeiter dazu sogar extra ein Höflichkeitstraining absolviert haben. Bizarr!

Glik, Knack

Dumm gelaufen! Weil er nur wenige Tage vor Beginn der Weltmeisterschaft 2018 in Russland beim Fußball-Volleyball zu einem spektakulären Fallrückzieher ansetzte und dabei unglücklich auf die Schulter fiel, drohte Polens Abwehrchef Kamil Glik für die Endrunde auszufallen. Sehr, sehr pfiffig! Der 30-Jährige hatte aber Glück im Unglück: Dank eines reibungslosen Heilungsverlaufs schaffte es der Star des AS Monaco doch noch, rechtzeitig zum Turnier fit zu werden. Nutzte nur nix – mit Niederlagen gegen den Senegal und Kolumbien wurde Polen Gruppenletzter und musste nach Hause fahren.

Kein Abkommen, keine Gegner

Eine traurige WM-Vorbereitung gab es für die National-mannschaft des Iran vor der Endrunde 2018 in Russland: Weil die politischen Spannungen zwischen dem Nahost-Staat und den USA aufgrund des aufgekündigten Atomab-kommens nicht nachließen, sagten wenige Tage vor dem Turnierstart sowohl Griechenland als auch der Kosovo Test-spiele gegen die von Carlos Queiroz trainierten Iraner ab. So mussten eben kleinere Gegner herhalten: Gegen Turkme-nistan gab es immerhin einen 1:0-Sieg, gegen eine türkische B-Elf verlor der Iran allerdings 1:2. Etwas andere Kaliber warteten hingegen während der WM mit Marokko, Portugal und Spanien auf das Team – und das ohne richtige Vorbereitung. Zwar konnte der Iran gegen Marokko gewinnen und trotzte den Portugiesen ein 1:1 ab, aber durch eine knappe Niederlage gegen Spanien wurde man nur Vorrundendritter und schied aus.

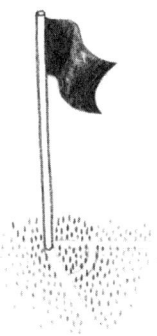

Gut versichert

Auch wenn die Nationalmannschaft Chinas erst einmal – 2002 in Japan und Südkorea – an einer Fußballweltmeisterschaft teilgenommen hat, ist der Fanhype während der Turniere im Reich der Mitte unfassbar groß. Teilweise geht es sogar so weit, dass die Chinesen aufgrund der oftmals großen Zeitunterschiede die Nächte durchmachen, um alle Spiele verfolgen zu können. Mindestens drei Fälle sind bekannt, bei denen chinesische Fans während der WM 2014 aufgrund ihrer Übermüdung starben. Die kuriosen Unfälle haben auch den Geschäftssinn der chinesischen Versicherungen geweckt. Policen im 3-Yuan-Bereich (35 Cent) schützen die Versicherten beispielsweise vor Krankenhauskosten infolge von Alkoholvergiftungen, Schlafmangel und sogar nach Hooliganattacken.

Huh!

Stolze 66 000 Fans aus Island haben sich im Vorfeld der Weltmeisterschaft 2018 um Tickets für die Spiele ihrer Nationalmannschaft beworben. Was sich zunächst gar nicht nach so vielen Anhängern des Inselstaates anhört, ist in Wahrheit aber mächtig viel. Schließlich leben dort überhaupt nur rund 350 000 Einwohner. Demnach wollten etwa 20 Prozent aller Isländer bei der WM vor Ort die Daumen drücken und ihr legendäres »Huh« anstimmen. Würden sich 20 Prozent aller Deutschen um Nationalmannschafttickets bemühen, wären das 16 400 000 Fans.

Messi, der Göttliche

Irans Trainer Carlos Queiroz hat sich vor der Weltmeisterschaft 2018 in Russland dafür eingesetzt, dass Argentiniens Lionel Messi so lange vom Turnier ausgeschlossen bleibt, bis er zweifelsfrei beweisen kann, dass er tatsächlich ein Mensch ist. Begleitet wurde dieser – zugegebenermaßen vollkommen verständliche – Vorschlag natürlich von einem kleinen Augenzwinkern …

Babyboom

Genau neun Monate nach der Fußballweltmeisterschaft 2010 in Südafrika nahm die Geburtenrate vor Ort signifikant zu. Dasselbe geschah übrigens auch schon vier Jahre zuvor nach der Weltmeisterschaft in Deutschland. Damals gab es in Teilen des Landes fast 30 Prozent mehr Babys. Interessant, denn eigentlich müssten die potenziellen Mamas und Papas in diesen Jahren eher weniger Zeit für so etwas gehabt haben.

Keine WM, dafür Real

Das nennt man wohl Paukenschlag: Nur zwei Tage vor dem Beginn der Weltmeisterschaft in Russland stand die spanische Nationalmannschaft plötzlich ohne Trainer da – und machte sich damit innerhalb kürzester Zeit vom Mitfavoriten zur Krisennation. Dabei hatte alles so gut ausgesehen für die Spanier: Coach Julen Lopetegui hatte einen bärenstarken Kader beisammen, der in Russland für Furore sorgen und nach 2010 den zweiten Weltmeistertitel einfahren sollte. Doch dann machte ausgerechnet der spanische Rekordmeister Real Madrid Probleme: Drei Tage vor Turnierstart gaben die »Galaktischen« überraschend bekannt, dass Lopetegui nach der WM den zurückgetretenen Trainer Zinédine Zidane ersetzen sollte. An sich kein Ding, wären da nicht einige pikante Details gewesen, die den spanischen

Nationaltrainer am Ende den Job kosteten. Denn erst Ende Mai hatte Lopetegui seinen Vertrag beim Verband vorzeitig bis 2022 verlängert. Und zu allem Überfluss hatte er den Verbandspräsident Luis Rubiales über seinen früheren Abschied und den Wechsel nach Madrid nur wenige Minuten vor der offiziellen Bekanntgabe an die Medien informiert. Was schlussendlich dafür sorgte, dass Lopetegui bereits vor Turnierbeginn wieder seinen Koffer packen musste und zurück nach Madrid flog. Immerhin: Dort hatte er dann genug Zeit, sich auf seine anstehenden Aufgaben bei Real vorzubereiten ...

Seinem Land hatte er allerdings einen Bärendienst erwiesen, denn zwar wurde Spaniel mit dem hastig eingesetzten Trainer Fernando Hierro Gruppenerster, schied aber im nächsten Spiel gegen Russland im Elfmeterschießen aus.

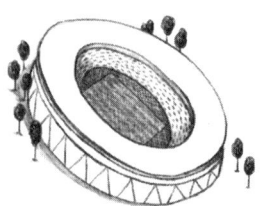

Falscher Stolz

Für Nikola Kalinić hätte es eine tolle Weltmeisterschaft 2018 werden können. Der Stürmerstar der kroatischen Nationalmannschaft befand sich in einer großartigen Form, als es nach Russland ging. Dennoch saß der 30-Jährige im ersten Gruppenspiel Kroatiens gegen Nigeria von Beginn an nur auf der Bank – was Kalinić wohl etwas sauer aufgestoßen war. Denn obwohl es gut lief für den Favoriten und das Auftaktmatch der WM-Endrunde schlussendlich mit 2:0 gewonnen wurde, verweigerte Kalinić kurz vor Schluss seine Einwechslung. Offiziell gab er Rückenschmerzen als Grund an, doch schnell wurde klar, er war einfach sauer, dass er nicht von Beginn an hatte auflaufen dürfen. Einfache Konsequenz: Nationaltrainer Zlatko Dalic schickte den Offensivmann vom AC Milan zurück in die Heimat, die WM war für Kalinić früher Geschichte, als geplant.

Der 12. Mann

Am 18. April 2001 kam es beim Champions-League-Spiel zwischen Bayern München und Manchester United zum großen Auftritt von Karl Power. Der ehemalige Boxer schlich sich vor der Partie tatsächlich auf das offizielle Mannschaftsfoto der Engländer. In voller Montur der »Red Devils« hatte Power, der sich durch eine Fotografenakkreditierung Zugang zum Innenraum des Münchner Olympiastadions verschafft hatte, kurz vor dem Anstoß das Feld betreten, um sich still und unauffällig einfach neben die elf Manchester-Spieler zu stellen. Niemand bemerkte den überzähligen Akteur zunächst, sodass die Fotografen munter draufhielten. Es war übrigens nicht der einzige große Auftritt von Power: Beim prestigeträchtigen Tennisturnier in Wimbledon stand der Brite auch schon mal auf dem heiligen Rasen, während er bei einem Rennen der Formel 1 mal vom Siegerpodest in die Menge jubelte.

Barça für immer

Man kann darüber streiten, ob es eine besonders gute Idee ist, sein Kind nach einem Verein zu benennen. Ein belgisches Ehepaar hat aber genau das gemacht, und gab seinem Nachwuchs den schönen Namen Barça Beeckman. Noch im selben Jahr wurde Barça Vereinsmitglied beim echten FC Barcelona. Welch Glück für den kleinen Barça, dass seine Eltern keine Fans vom DSC Wanne Eikel oder Dnipro Dnipropetrovsk waren ...

Der ewige Trainer

Carlos Alberto Parreira ist eine wahre Trainerlegende. Insgesamt dreimal war er Cheftrainer der brasilianischen Nationalmannschaft, schon 1970 war er während der Weltmeisterschaft als Fitnesstrainer der Seleção aktiv. Doch nicht nur mit Brasilien nahm er an WM-Endrunden teil. Insgesamt war er als Trainer sechsmal bei Weltturnieren dabei: zweimal mit Brasilien (1994 und 2006), dazu jeweils einmal mit Kuwait (1982), den Vereinigten Arabischen Emiraten (1990), Saudi-Arabien (1998) und Südafrika (2010). Ein Weltreisender in Sachen Fußball.

Fatale Niederlage

»Es gibt Leute, die denken, Fußball ist eine Frage von Leben und Tod. Ich mag diese Einstellung nicht. Ich kann Ihnen versichern, dass es noch sehr viel ernster ist.« Dieses Zitat stammt von Bill Shankly, der Trainerlegende des FC Liverpool. Und leider gibt es tatsächlich Fälle, in denen diese berühmten Worte tragische Wahrheit werden: Ein 28-jähriger Mann aus Kenia soll aus Trauer über eine Niederlage seines Lieblingsklubs Manchester United aus dem siebten Stock eines Hochhauses gesprungen sein – er starb dabei.

Einen hohen Preis gezahlt

Der nach Australien ausgewanderte Ire David Feeney meint es ernst mit Fußball, und noch ernster, wenn es um die Irische Nationalmannschaft geht. Doch leider sah man die im Jahr 2013 im australischen TV eher selten. Also kam ihm eine Idee: Er überredete seine Gattin dazu, das Wohnhaus zu belasten, um an Geld (viel Geld!) zu gelangen, mit dem er sich die TV-Übertragungsrechte für ein Länderspiel Irlands gegen Schweden sicherte. Tatsächlich gelang ihm dieser Coup, auch dank einer Kooperation mit einem Pferdesportsender. Als die Begegnung dann live im TV übertragen wurde, war Feeney zunächst very happy. Aber eben auch eine Stange Geld los – mehrere Zehntausend Dollar soll ihn der Spaß gekostet haben. Und dann ließen ihn zu allem Übel »seine« Iren im Stich, sie verloren das WM-Qualifikationsspiel gegen die Nordeuropäer trotz einer 1:0-Führung mit 1:2.

Kíara Santana Kuno

Und noch einmal: Obacht bei der Namensvergabe an Kinder! Nachdem im Frühjahr 2013 der Spieler Felipe Santana durch sein Tor in der 92. Minute den BVB spektakulär knapp in das Halbfinale der Champions League schoss, hatten die beiden eingefleischten Dortmund-Anhänger Marcus und Anja eine Idee: Sie beschlossen, ihre bald darauf geborene Tochter nach genau diesem Fußballer zu benennen. Töchterchen Kiara bekam also kurzerhand den Zweitnamen »Santana«. Doch noch im selben Jahr sollte sich diese Entscheidung als, sagen wir, etwas kurzsichtig erweisen: Der Brasilianer wechselte im Sommer 2013 den Verein – und ging ausgerechnet zum BVB-Erzrivalen Schalke 04. Arme Kiara!

Fußball > Ehe

Ursprünglich wollte der junge Celtic Glasgow-Fan Tay Baig im Mai 2003 ja bloß für einen Tag aus Pakistan nach London reisen. Geplant war ein kleiner Junggesellenabschied mit den Kumpels. Doch der Aufenthalt zog sich etwas in die Länge. Selbst am Tag seiner geplanten Hochzeit war Tay Baig noch nicht wieder zurück in Pakistan. Stattdessen hielt er sich an diesem Tag in Sevilla (Spanien) auf. Natürlich, denn hier fand gerade das UEFA-Cup-Finale zwischen Celtic und dem FC Porto statt, das gibt es ja nicht alle Tage. Angeblich warteten zu Hause 1 500 Hochzeitsgästen auf ihn, die er mit den Worten vertröstete, dass es sich um eine historische Fußballgeschichte handle. Tickets für das Spiel hatte er übrigens nicht. Als wollte das Schicksal es ihm heimzahlen, kassierte Celtic in der Verlängerung eine 2:3-Niederlage. Und seine Ehe? Die war wohl schon vor der Hochzeit geschieden.

Beten zu Maradona

In Argentinien spielt bekanntlich die Religion eine bedeutende Rolle. Und Fußball. Und natürlich Maradona! Unter religiösem Einfluss standen wohl auch die Argentinier Hernán Amez und Héctor Campomarin: 1998 gründeten sie in Rosario, der Geburtsstadt Maradonas, eine neue Kirche. Name: »Iglesia Maradoniana – La Mano de D10S« (übersetzt: »Maradona-Kirche – Die Hand Gottes«). Amen!

Newcastle immer im Blick

Schönheit liegt bekanntlich im Auge des Betrachters. Oder darauf? Ein englischer Fan von Newcastle interpretierte diese Redewendung durchaus wortwörtlich: Aus Liebe zu seiner Mannschaft führt der Mann das Vereinslogo immer bei sich – auf dem Augapfel! Erklärung: Aufgrund einer Augenkrankheit hat der Mann eine Prothese. Und auf die ließ er sich – sogar mit Erlaubnis der Kluboffiziellen – das Logo gravieren.

Achsel-Hose
statt Axel Rose

Thorsten Legat ist im deutschen Fußball nicht nur aufgrund seiner starken Leistungen auf dem Platz bekannt – auch wenn es der Exprofi auf insgesamt 243 Bundesligaspiele gebracht hat. Für große Aufregung bei seinem ehemaligen Arbeitgeber FC Schalke 04 sorgte Legat im Jahr 2000 mit einer unglaublichen Wette: Zwei Mannschaftskollegen hatten dem bissigen Mittelfeldspieler jeweils 1000 D-Mark geboten, wenn dieser beim Shooting des offiziellen Mannschaftsfotos seine Hose bis unter die Achseln hochziehen würde. Ein Legat, ein Wort: Thorsten L. zog die Hose hoch, die Fotografen knipsten, was das Zeug hielt. Und keinem fiel der modische »Fauxpas« auf, zumindest vorerst nicht. Doch irgendwann wurden die S04-Verantwortlichen auf Legats Hochwasserhose aufmerksam. Die Folge: 10 000 Mark Strafe, die Kohle der Wette war demnach weg. Heute kann Legat über den Hosengag lachen.

Hallo! Hier geht's hin!

Was macht man als Fan, wenn der Herzensklub ewig nicht trifft? Diese Frage stellten sich die Anhänger des 1. FC Magdeburg in der Saison 2011/12, in der ihre Geduld wirklich lange strapaziert wurde: Bereits seit fünf Spielen war es der Mannschaft nicht gelungen, auch nur ein Tor zu schießen. Kreativität war gefragt, und vor der Partie gegen den Berliner AK kam den Magdeburger Fans dann auch eine »leuchtende« Idee: Um ihrer Mannschaft dabei zu helfen, das Tor diesmal zu »finden«, organisierten sie hinter dem gegnerischen Tor eine Choreo, die mit Farben, Pfeilen und Neonsignalen ganz deutlich darauf hinwies, wo sich die Bude befand. Zu den begehrten drei Punkten führte die Aktion nicht. Aber immerhin konnte Magdeburg in dieser Partie, die 1:2 für Berlin ausging, endlich mal wieder einen Ball im gegnerischen Tor versenken.

Top, die Wette gilt

Ungewöhnlicher Wetteinsatz: Henry Dhabasani aus Uganda ist glühender Anhänger des FC Arsenal. Und offenbar ist er ziemlich risikofreudig. Im November 2013 verwettete der Mann nicht weniger als sein eigenes Wohnhaus darauf, dass Arsenal in der Partie gegen Manchester United gewinnt. Leider ging die Wette nicht auf, denn Man United ging als Sieger vom Platz. Der Überlieferung nach soll sein Wettrivale (ein United-Fan) am nächsten Tag wirklich gekommen sein und ihn samt Familie aus dem Haus geworfen haben.

Und noch eine Wette …

Im Jahre 2009 wäre es fast schon eine Leichtigkeit gewesen, reich zu werden – denn eine Kombiwette hatte im Internet eine Quote von 5000:1 angeboten. Dafür musste allerdings nicht nur Frank Walter Steinmeier zum Bundeskanzler gewählt werden, sondern die FIFA musste Deutschland zusätzlich noch nachträglich zum Gewinner der Weltmeisterschaft 1966 erklären. Die Wettquote gibt die Wahrscheinlichkeit, dass die Wette gewonnen wird, recht gut wieder, einen Gewinn hat keiner der mutigen Tipper eingefahren …

Kein Training, aber Meister

Ohne Fleiß kein Preis. Seit Generationen beten Eltern ihren Kindern diesen Spruch vor, um sie immer wieder daran zu erinnern, dass man im Leben nichts geschenkt bekommt. Ein eindrucksvolles Gegenbeispiel lieferte die erste Mannschaft vom württembergischen B-Ligisten Anadolu Marbach in der Saison 2017/18. Nach einem 5:2-Heimsieg am letzten Spieltag gegen den GSV Erdmannhausen II machte das Team um Trainer Cem Caliskan die Meisterschaft in der Kreisliga B und damit den Aufstieg in die A-Liga perfekt. Und das ohne jegliches Training. Regelmäßig stattfindende Kraftübungen, Konditionstraining und Übungen mit Ball, auch mannschaftsinterne Testspiele: Anadolu Marbach schien all diesen Schnickschnack nicht nötig zu haben, wie sie erfolgreich unter Beweis stellten. Nicht ohne Stolz prangte demzufolge auf den Aufstiegsshirts der Slogan: »Ohne Training keinen Erfolg – sagt wer?«

Russische Methoden

In Russland hatte eine Filiale der bekannten Fast-Food-Kette Burger King pünktlich zum Start der Weltmeisterschaft 2018 eine sehr gewagte Werbeidee: Der Schnellimbiss rief Frauen dazu auf, sich von einem der Spieler aus dem russischen WM-Kader schwängern zu lassen. Ziel des Ganzen: Die besten Fußballgene verbreiten, um so den sportlichen Erfolg für die kommenden Generationen zu sichern. Als Anreiz versprach die Filiale eine lebenslange Gratisversorgung mit Burgern sowie eine Geldprämie. Blöd nur, dass die Werbemaßnahme bei den Russen gar nicht gut ankam – Warum bloß? Und so war der Deal schnell wieder hinfällig.

Auswärtsfahrt

Immer wieder gibt es sie, diese verrückten Fußballfans, die einfach alles tun, um ein Spiel ihres Lieblingsklubs live zu verfolgen. Der Klub Zenit St. Petersburg (Russland) hat solche Fans. Einige von denen reisten ihrem Klub im Jahr 2009 zu einem Auswärtsspiel in Wladiwostok unglaubliche 10 000 Kilometer durchs Land hinterher – mit dem Auto! Der Wagen, ein alter Honda, hielt den Ritt sogar durch. Zumindest fast, erst kurz vorm Ziel war die Maschine hin. Obwohl die Fans den Trip zurück mit der Bahn antreten mussten, ging die Geschichte gut aus: Als Anerkennung der Strapazen, welche die Zenit-Supporter auf sich genommen hatten, schenkte der Klub ihnen ein nagelneues Auto. Für die nächsten Auswärtsspiele. Gute Fahrt!

Der Kahn das!

Wie schön wäre das bitte gewesen? Bei der Europameisterschaft 1996 in England, als Oliver Bierhoff die deutsche Nationalmannschaft durch sein Golden Goal gegen Tschechien zum Titel schoss, hätte es beinahe eine vollkommen kuriose Aufstellung beim DFB gegeben. Da während des gesamten Turniers auf der deutschen Mannschaft ein regelrechter Verletzungsfluch lag, war Bundestrainer Berti Vogts fast dazu gezwungen, seine Reservekeeper im Feld aufzustellen.

Jürgen Kohler, Steffen Freund, Fredi Bobic, Jürgen Klinsmann, Dieter Eilts, Thomas Helmer – reihenweise deutsche Spieler fielen von Partie zu Partie aus, bis Vogts fast keine andere Wahl mehr hatte. Zu einer Einwechslung der beiden Ersatztorhüter Oliver Kahn und Oliver Reck als Feldspieler kam es am Ende doch nie. Knapp war es aber, was man daran sieht, dass Feldspielertrikots schon mit den beiden Namen der Keeper beflockt waren ...

From Zero to Hero

Zu wenigen Fußballprofis passt dieses Motto so gut wie zu Jamie Vardy. Als Teenager flog der Engländer noch aus der Jugendakademie von Sheffield Wednesday, weil er für sein Alter zu klein war. Um sein Leben zu finanzieren, arbeitete Vardy später in einer Kohlefaserfabrik und stellte Beinprothesen her. Obwohl er ein großes fußballerisches Talent hatte, blieb für den Vollblutstürmer dennoch nur der Amateurfußball. In der achten englischen Liga verdiente Vardy zwischenzeitlich bei den Stockbridge Park Steelers 30 Pfund pro Woche. Als er dann 2007 nach einer Kneipenschlägerei auch noch dazu verurteilt wurde, sechs Monate lang eine Fußfessel zu tragen, dachte wohl keiner mehr daran, dass der in Sheffield geborene Offensivmann es im Fußball noch zu viel mehr bringen würde. Doch dank seiner Mentalität ging es von da an immer weiter bergauf – bis der damalige Zweitligist Leicester City auf Vardy aufmerksam wurde und ihn verpflichtete. Das Ende der kuriosen Geschichte ist bekannt: In der Saison 2015/16 holte der Klub als vollkommener Underdog die Meisterschaft, Vardy hatte mit 24 Saisontoren erheblichen Anteil an diesem wohl größten englischen Fußballmärchen. Nationalspieler wurde das Mentalitätsmonster übrigens natürlich auch – allerdings ohne Fußfessel.

Das Herz eines Boxers

Torhüter Oli Kahn hat für viele schöne Geschichten gesorgt. So auch für diese: Wir schreiben das Jahr 2001. Der FC Bayern tritt auswärts gegen FC Hansa Rostock an, und liegt in der Nachspielzeit mit 2:3 zurück. Was macht ein Oli Kahn in dieser Situation? Ganz klar, zur letzten Ecke für Bayern stürmt der Welttorhüter in den gegnerischen Strafraum und mischt sich ins Spielgeschehen ein. Und macht ein Tor! Blöd nur, dass er die Ecke nicht per Kopf oder Fuß verwandelte, sondern im Stil eines Boxers – mit den Fäusten. Was natürlich für perplexe Gesichter auf allen Seiten sorgte. Die Übersicht bewahrte aber Schiedsrichter Dr. Markus Merk, der dem bereits verwarnten Kahn die Gelb-Rote Karte zeigte. Trotzdem: schönes Tor!

Von der Kurve in die Startelf

Es ist der Traum von vielen, vielen Jungs und Mädels, die während eines großen Turniers in der Fankurve stehen und ihrem Team zujubeln: irgendwann einmal selbst auf dem Platz zu stehen, selbst die Nationalhymne zu singen, selbst mit dem Landeswappen auf der Brust ein Spiel zu bestreiten. Für Harry Maguire ist dieser Traum in Erfüllung gegangen – und das innerhalb von zwei Jahren. Im Sommer 2016 war der englische Abwehrmann gerade mit Hull City in die Premier League aufgestiegen, damals hatte er die Europameisterschaft in Frankreich gemeinsam mit seinen Brüdern und Kumpels noch als Zuschauer in den Stadien verfolgt und die Nationalmannschaft Englands unterstützt. Keine zwei Jahre später, nämlich im Oktober 2017, bestritt Maguire bereits sein erstes Länderspiel für die Three Lions. Zuvor war der Defensivspieler für eine hohe Ablöse zu Leicester City gewechselt, wo er eine fulminante Entwicklung durchmachte. Und so war es keine große Überraschung, dass Maguire bei der WM 2018 in Russland sogar zum Stammpersonal der englischen Elf gehörte. In nur zwei Jahren hatte er den Sprung von der Kurve bis in die Nationalmannschaft gemacht – ein Traum!

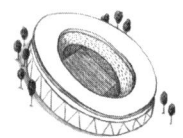

Das Abwehrbollwerk

Dominanz im Fußball – da denkt der gemeine Fußballfan an den FC Bayern München, der Jahr für Jahr die Deutsche Meisterschaft im Schongang holt, oder Real Madrid, das zwischen 2016 und 2018 gleich drei Mal hintereinander die Champions League gewinnen konnte. Doch zwischen diesen großen Klubs der Superlative gibt es auch noch andere Fußballvereine, die eine gewaltige Dominanz ausstrahlen. Wie beispielsweise der SV Union Rösrath. Die Dritte Mannschaft des Klubs aus dem Rheinisch-Bergischen Land schaffte nämlich in der Saison 2017/18 wohl etwas einmaliges. In der Kreisliga D, in der die Drittvertretung der Union angetreten war, sicherte sich das Team mehr als souverän die Meisterschaft. Alle 14 Saisonspiele konnte der SVR gewinnen, dabei schoss man 75 Tore. Noch beeindruckender ist da nur die Abwehrleistung: Lediglich einen Gegentreffer kassierte Rösrath in der gesamten Spielzeit – beim 7:1-Auswärtssieg gegen den VfL Engelskirchen II. Die Frage ist: über wen sagen die Ergebnisse mehr aus – über die Stärke des SV Union Rösrath oder die Schwäche der Gegner...

Kurzes Glück

Fast 60 Jahre lang wartet der FC Schalke 04 schon auf den Gewinn der Deutschen Meisterschaft, 1958 durften die Königsblauen zuletzt die so begehrte Schale in den Himmel recken. Nur einmal, da dachten die Ruhrpottkicker aus Gelsenkirchen, dass die Leidenszeit vorbei wäre ... vier Minuten und 38 Sekunden lang lagen sich Spieler, Funktionäre, Verantwortliche und allen voran die leidgeprüften Fans von S04 am 19. Mai 2001 in den Armen und feierten die Deutsche Meisterschaft. Mit 5:3 hatten die Schalker an diesem

Tag die SpVgg Unterhaching im altehr-
würdigen Parkstadion geschlagen und
damit die Voraussetzungen für das Wunder geschaffen. Der FC Bayern München
spielte gleichzeitig beim Hamburger SV
und durfte dort nicht verlieren, in der 89.
Minute schoss Sergej Barbarez den HSV mit
1:0 in Führung – und die Schalker Meisterschaft
war kaum noch zu verhindern. Während in Gelsenkirchen
schon Schluss war, ließ Schiedsrichter Markus Merk in der
Elbmetropole drei Minuten nachspielen. Rückpass von Ujfa-
lusi auf Schober, Merk entscheidet auf indirekten Freistoß.
Anderson tritt an. Trifft. Und macht den FCB zum Meister.
In Gelsenkirchen rollen unzählige Tränen, die spontane
Meisterparty auf dem Rasen findet ein jähes Ende. Dass sogar die Sportkommentatoren in den Fieldinterviews nach
dem Spiel bereits zur Meisterschaft gratuliert hatten, lässt
Außenstehende nur erahnen, wie tief dieser Stich ins Herz
aller Schalker Spieler und Fans gesessen haben musste.
(Haste Schalke am Schuh, haste ...)

Verpísst

Es gibt ungünstige Momente, in denen sich die Blase mel-
det und man eine Toilette aufsuchen muss. Und dann gibt
es die Geschichte von Pejman Montazeri. Der Fußballspieler
aus dem Iran war bei der Weltmeisterschaft 2018 in Russland Teil der Nationalmannschaft, die etwas überraschend
die Qualifikation geschafft hatte und sich bei der Endrunde

präsentieren durfte. Einen Einsatz konnte Montazeri dabei allerdings nicht verbuchen – aus einem einfachen Grund: Im ersten Gruppenspiel gegen Marokko sollte der 34-jährige Abwehrspieler eigentlich eingewechselt werden, doch zuvor musste er noch einmal schnell aufs Klo. Weil seinem Trainer das Ganze zu lange dauerte, wurde stattdessen sein Mannschaftskollege Majid Hosseini aufs Feld geschickt, der seine Sache nicht schlecht machte. Und so durfte Hosseini auch bei den beiden letzten Gruppenspielen gegen Spanien und Portugal ran, während Montazeri ein Einsatz verwehrt blieb.

Javiers Reise

Was gibt es Besseres, als einen Sommer lang mit seinen Freunden in einem Bus um die Welt zu reisen, um die eigene Nationalmannschaft bei der Weltmeisterschaft zu unterstützen? Richtig: wenig! Das dachte sich auch ein Freundeskreis aus Mexiko und baute so nach der Weltmeisterschaft 2014 in Brasilien in Eigenregie einen Bus um, um vier Jahre später gemeinsam damit nach Russland zu reisen. Doch für einen der Kumpels war die Reise schon beendet, bevor sie überhaupt begonnen hatte. Javier durfte plötzlich nicht mit, seine Frau hatte ihm den Trip zur WM verboten. Also bastelten die übrigen Freunde kurzerhand eine Pappfigur mit Javiers Körper, um den daheim Gebliebenen trotzdem mit dabeizuhaben. Und so sah Javiers Figur St. Petersburg, Moskau und Rostow am Don, wo er einen regelrechten Hype in den sozialen Medien auslöste. Pikant war auch der Schriftzug auf dem T-Shirt, das die Pappfigur zierte: »Mi Vieja no mi dejo« bedeutete so viel wie »Meine Alte hat mich nicht gelassen.« Bitter, und doch wieder irgendwie schön ...

Minus-Mann

Jeder hat einmal einen schlechten Tag. Ganz arg erwischte es einen Spieler im Achtelfinale der Weltmeisterschaft 2018 in Russland zwischen dem Gastgeber und Spanien. Vladimir Granat, Teil der russischen Elf, stand 75 Minuten lang auf dem Platz und hatte dabei nur elf Ballkontakte. Aber das war noch nicht alles: Fünf Pässe spielte der Abwehrspieler während seiner Einsatzzeit – doch kein einziger Versuch kam beim Mitspieler an. Einen Titel hatte er damit sicher: Seit Datenerfassung bei EM-Endrunden im Jahr 1966 war Granat nun der Spieler mit den meisten Einsatzminuten, ohne einen einzigen Pass an den Mann zu bringen. Ihm dürfte es egal gewesen sein, schließlich gewann Russland auch nach Granats Nicht-Leistung gegen den haushohen Favoriten und zog ins Viertelfinale ein. Gut, wenn man Mannschaftskameraden hat!

Endgegner: Zecke

Sie sind die Plage eines jeden ausgedehnten Waldspaziergangs – die Zecken. Diese bittere Erfahrung musste auch Korbinian Linner, Stürmer des bayerischen Regionalligisten TSV 1860 Rosenheim, machen – und zwar in mehrfacher Ausführung am eigenen Leib! Nachdem der Angreifer in einem im Wald gelegenen See schwimmen war, zog er seine zuvor ins Gras gelegten Klamotten an. Wieder zu Hause angekommen, verspürte Linner am gesamten Körper einen Juckreiz und entdeckte stolze 19 Zecken, die sich in seine

Haut gebissen hatten. Den Saisonstart mit dem TSV verpasste Linner deshalb, da er nach den Angriffen der Blutsauger Antibiotika schlucken musste.

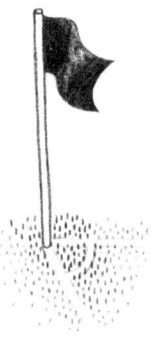

Der Garant

Als der FC Bayern München vor der Bundesligasaison 2012/13 für die damalige Rekordsumme von 40 Millionen Euro Javi Martinez von Athletic Bilbao verpflichtet, startete für den spanischen Nationalspieler eine bis heute unerreichte Serie. In seiner ersten Saison für den Rekordmeister absolvierte Martinez 27 Ligaspiele, keines davon wurde verloren. Saisonübergreifend blieben die Bayern mit dem Spanier auf dem Platz sogar unglaubliche 39 Bundesligapartien ohne Niederlage. Erst Anfang April 2014, also knapp 22 Monate nach seiner Verpflichtung, musste Martinez mit einem 0:1 gegen den FC Augsburg seine erste Ligapleite im Bayerntrikot hinnehmen.

Nullnummer

»Mit der Nummer eins im Tor: …!« Dieser Spruch ist bei Stadionsprechern weltweit einer der beliebtesten, wenn es vor Spielbeginn um die Verkündung der Aufstellung geht. Beim FC Aberdeen musste man sich dafür aber eine neue Variante überlegen, schließlich lief der marokkanische Keeper Hicham Zerouali bei seiner Verpflichtung im Jahr 2000 für den schottischen Klub mit der Rückennummer 0 auf. Der Grund war ganz einfach, sein Spitzname lautete »Zero«. Doch bis zu seinem Wechsel von Aberdeen nach Al-Nasr in Dubai zwei Jahre später durfte er seine geliebte Rückennummer nicht behalten, denn im Jahr 2001 verbot der schottische Verband die Nummer 0 auf dem Trikot. Wer hat schon gern eine Null im Tor?

Apropos Tríkot

Trikotnummern sind besonders für Spieler mit großem Namen oft ein Politikum. Als Edgar Davids, legendärer niederländischer Mittelfeldmann, nach seiner aktiven Karriere im Jahr 2012 den englischen Fünftligisten FC Barnet als Spielertrainer übernahm, schnappte der Mann mit der Sportbrille seinem Torhüter einfach die Rückennummer 1 weg und lief selbst mit der eigentlich für Keeper gedachten Ziffer auf dem Trikot auf. Dieser von ihm gestartete Trend setzte sich zwar nicht grundsätzlich durch – doch der ebenfalls niederländische Mittelfeldmann Jonathan de Guzman trug in der Saison 2016/17 bei Chievo Verona ebenfalls die Nummer 1. Ihm habe sein Landsmann als Vorbild gedient, verriet er bei seiner Vorstellung. Irgendwie seltsam, aber wer es fürs Ego braucht …

Die Nummer zwei ...

Ja ja, die Keeper und die ewige Frage, wer denn nun die etatmäßige Nummer eins zwischen den Pfosten ist ... Joe Wildsmith, Torhüter des englischen Zweitligisten Sheffield Wednesday, beantwortete sie durch die Wahl seiner Rückennummer einfach selbst, denn er entschied sich für die Nummer 2 auf dem Trikot. Mal ein Fußballprofi mit normalem Ego ...

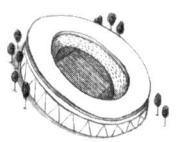

Oars Sonderwunsch

Einen ganz besonderen Wunsch, was die Wahl der Rückennummer anging, hatte der 18-jährige australische Nationalspieler Tommy Oar, als er im März 2010 zum Debüt für seine Nationalmannschaft antrat. Denn vor dem Qualifikationsduell der Australier mit Indonesien hätte sich der Youngster gern die Nummer 11 gesichert, diese war aber bereits vergeben. Also entschied sich Oar kurzerhand, das Ergebnis aus 11 mal 11 auf das Trikot drucken zu lassen. Herausgekommen ist dabei, kurz nachgerechnet, die 121. Aha!

Die Rekordmarke CR7

Als Christiano Ronaldo im Sommer 2018 von Real Madrid zu Juventus Turin wechselte, war einer der spektakulärsten Spielerwechsel der Fußballgeschichte geschrieben. Über 100 Millionen Euro ließ sich der italienische Rekordmeister die Dienste des Portugiesen kosten – doch einen großen Teil der Transfersummer konnten die Turiner noch am selben Tag wieder einnehmen. Der Hype um das neue Juve-Trikot mit dem Ronaldo-Flock und seiner Nummer 7 war nämlich so unfassbar groß, dass der Verein in den ersten 24 Stunden nach Bekanntgabe des Wechsels nach eigenen Angaben über 520 000 Jerseys an die Fans verkaufte. Bei einem Stückpreis von stolzen 97,45 Euro im Onlineshop der Italiener ergab das mehr als 50 Millionen Euro – nur am ersten Tag.

Das Rechengenie

Ingo Anderbrügge war ein ganz besonderer Spieler des FC Schalke 04. Nicht nur, weil er einer der wenigen Bundesligaakteure war, die vom Ruhrpotterzfeind Borussia Dortmund nach Gelsenkirchen wechselten, sondern auch aufgrund seiner insgesamt zwölfjährigen Zeit bei den Königsblauen. Dass Anderbrügge aber besser Fußballspielen als mit Zahlen umgehen konnte, bewies der Mittelfeldspieler, der auch Teil der »Eurofighter«-Mannschaft aus dem UEFA-Cup 1997 war, in einem herrlichen Interview. Nach einem seiner 88 Pflichtspieltreffer für die Schalker rechnete Anderbrügge den anwesenden Journalisten nämlich vor: »Das Tor gehört zu 70 Prozent mir und zu 40 Prozent dem Marc Wilmots.« Und die restlichen 7,5 Prozent gehören dem Ball?

Rangnicks Taktikweisheiten

Keine Frage: Ralf Rangnick ist ein großer deutscher Fußballtrainer. In der Bundesliga trainierte er unter anderem Hannover 96, den FC Schalke 04, die TSG Hoffenheim oder RB Leipzig. Dass der Trainer seinen Titel als Fußballlehrer nicht umsonst erworben hat, bewies er in einer Medienrunde mit einer ganz cleveren Weisheit. »Wenn vier Leute schon so viele Fehler machen, sollte man schnell auf Dreierkette umstellen!« – so lautete Rangnicks überraschende Überlegung zur taktischen Aufstellung seiner Mannschaft. Da stellt sich die kecke Frage, wie wenig Fehler dann wohl nur ein Spieler machen würde ...

Angry man CR7

Dass Christiano Ronaldo ein versessener Fußballer ist, dem das normale Mannschaftstraining nicht reicht, weiß jeder. Umso erstaunlicher ist dabei aber, dass dem portugiesischen Superstar neben all dem Training auch noch viel Zeit für andere Hobbys bleibt. Und so geht die Legende, dass eines Tages Ronaldos Mannschaftskollege Rio Ferdinand die Dreistigkeit besaß, CR7 an der Tischtennisplatte zu deklassieren. Also kaufte sich der mehrmalige Weltfußballer kurzerhand eine eigene Platte, übte in den eigenen vier Wänden bis zum Umfallen und lud Ferdinand und Co. wenig später zu sich nach Hause ein. Die Folge: eine herbe Niederlage von Ferdinand, die Ehre des CR7 war wiederhergestellt. Teamkollege Patrice Evra erwiderte auf die Frage, warum Ronaldo die Revanche so wichtig gewesen war, trocken: »Because he's an angry man!«

Lehmanns Abschiedstournee

Jens Lehmann ist ein Torhüter, an den man sich in Deutschland noch lange erinnern wird. Das liegt nicht nur daran, dass er während der Heim-WM 2006 Stammkeeper der deutschen Nationalmannschaft war und dort unter anderem mit mehreren gehaltenen Elfmetern für das Weiterkommen gegen Argentinien sorgte – dem Spickzettel sei Dank! Nein, auch seine Abschiedssaison in der Bundesliga 2009/10, als Lehmann beim VfB Stuttgart seine Rente vorbereitete, bot noch einmal richtig Unterhaltungswert. Kurze Zusammenfassung: Der Keeper riss nach einer Niederlage einem Fan von Mainz 05 die Brille von der Nase und wollte diese nicht zurückgeben, er warf den Fußballschuh von Hoffenheims Vedad Ibisevic auf sein Tornetz, während eines Champions League Spiels urinierte der Torhüter hinter eine Bande, den Fans des VfL Wolfsburg zeigte er den Mittelfinger und abschließend legte sich mit einem Balljungen an. Wir vermissen ihn.

Der Torfall von Madríd

Der 1. April 1998 ist in Madrid in die Fußballgeschichtsbücher eingegangen. Nicht, weil Real Madrid wieder spektakuläre Transfers oder Triumphe zu vermelden hatte, sondern weil ausnahmsweise einmal lange gar kein Fußball gespielt wurde. Ganze 76 Minuten nicht. Vor dem Halbfinale der UEFA Champions League zwischen Real und Borussia Dortmund war im Santiago-Bernabéu-Stadion von Madrid nämlich ein Tor umgekippt, nachdem spanische Fans einen damit verbundenen Zaun zum Einsturz gebracht hatten. Über eine Stunde lang wurde gewerkelt, um den Kasten bespielbar zu machen. Der deutsche Fernsehsender RTL übertrug das Spektakel live, die Kommentatoren Marcel Reif und Günther Jauch wurden später für ihre humorvolle Beschreibung der Situation mit dem Grimme-Preis ausgezeichnet. Fußball gespielt wurde dann übrigens doch noch: Die Madrilenen besiegten den BVB mit 2:0 und zogen nach einem torlosen Remis im Rückspiel ins Finale ein.

Blick in den Abgrund

Der KFC Uerdingen ist ein Verein mit einer langen Tradition. Nachdem die Krefelder über einen großen Zeitraum fester Bestandteil der Bundesliga waren, folgten sehr schwierige Jahre, in denen der Klub in der Versenkung verschwand. Im Sommer 2018 gelang dann aber durch einen Erfolg in der Relegation über den SV Waldhof Mannheim endlich die Rückkehr in die dritte Liga und damit ins Profigeschäft. Doch beinahe wäre es dazu trotz der sportlichen Qualifikation nicht gekommen: Der vom DFB geforderte Nachweis einer Liquiditätsreserve war erst nach Ablauf einer Frist eingegangen, beim Zulassungsbeschwerdeausschuss des Verbands wurde nun diskutiert, ob man dem KFC die Lizenz für die dritte Liga entziehen sollte. Am Ende kam es sogar dazu, dass Mikhail Ponomarew, russischer Investor der Krefelder, ankündigte, sein finanzielles Engagement beim Verein sofort zu beenden, sollte die Lizenz nicht erteilt werden – was den Klub wohl vor das Aus gebracht hätte. Am Ende zeigte der DFB aber Gnade und ließ die Ausrede des KFC, die zuständige Bank habe Probleme gemacht, gelten. Glück gehabt!

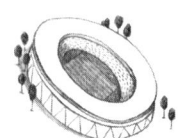

Brasilianer, wechsle dich

Der brasilianische Topstürmer Malcom hat im Sommer 2018 durch ein Wechsel-Wirrwarr für Aufsehen gesorgt. Bis zum Ende der Saison 2017/18 stand der damals 21-Jährige beim französischen Topklub Girondins Bordeaux unter Vertrag, entschied sich dann aber für einen Tapetenwechsel. Alles lief darauf hinaus, dass der Brasilianer nach Italien zur AS Rom gehen würde – das wurde am 22. Juli 2018 auch von Seiten der Römer offiziell verkündet. Doch einen Tag später zog Bordeaux den Transfer plötzlich zurück, nur um einen weiteren Tag darauf den Wechsel zum FC Barcelona als fix zu melden. Abgerundet wurde diese kuriose Geschichte dann sechs Tage später, als Malcom in seinem zweiten Testspiel mit Barça ausgerechnet auf seinen beinahe neuen Arbeitgeber, die Roma, traf – und ein Tor erzielte. Wahrscheinlich hatte er die Verträge vorher mit Zaubertinte unterschrieben.

Stevie Wonder

Fällt im Fußball eine Entscheidung des Schiedsrichters mal nicht zu Gunsten des eigenen Teams aus, wird der Spielleiter gern als »Blinder« bezeichnet. Etwas schwammiger, aber durchaus gut verständlich formulierte seine Beschwerte Ende der 1990er-Jahre Fortuna Düsseldorfs Mittelfeldspieler Igor Dobrovolski. Nach einer Fehlentscheidung des Unparteiischen stellte sich der Russe vor die Mikrofone der Journalisten und sagte: »Der Schiedsrichter ist ein Bruder von Stevie Wonder!« Wenn das musikalisch gemeint war, ein echtes Kompliment ...

Die teuerste Schaufensterpuppe
der Welt

Die Bundesligasaison 1990/91 sollte für das Jungtalent Michael Sternkopf mit einem Paukenschlag beginnen: Für den offensiven Mittelfeldspieler stand ein Wechsel vom Karlsruher SC zum FC Bayern München an. Dort angekommen benötigte Sternkopf aber einige Zeit, sich an die Gegebenheiten beim Rekordmeister zu gewöhnen. Was Manager Uli Hoeneß dazu veranlasste, Kritik an der Ausbildung seines neuen Schützlings zu üben: Er habe beim KSC unter Trainer Winfried Schäfer wohl nur gelernt, wie man geradeaus laufe. Schäfer hingegen hatte einen lässigen Konter auf den Lippen: Mit Hinblick auf die rund 3,5 Millionen Mark, die der FCB als Ablöse gen Karlsruhe geschickt hatte, meinte der KSC-Trainer, in der nächsten Saison wolle er Hoeneß für vier Millionen Mark eine Schaufensterpuppe verkaufen. Zumindest offiziell verkündet wurde ein solcher Deal dann aber doch nie.

Wetten, dass ...?

... Thomas Gottschalk schon einmal während eines offiziellen Bundesligaspiels auf der Bank des FC Bayern München saß – und das neben keinem Geringeren als FCB-Manager Uli Hoeneß? Während der Saison 1991/92 löste der TV-Showmaster bei einem Heimspiel der Bayern im Münchner Olympiastadion gegen Bayer Leverkusen eine verlorene Wette ein. Sein Outfit konnte sich dabei sehen lassen: Auf dem Kopf trug Gottschalk eine rote FCB-Pudelmütze, über der Trachtenjacke hing ein Fanschal. Zu allem Überfluss unterschrieb der Moderator nach der Partie auch noch einen Mitgliedsantrag beim Rekordmeister. Die fällige Zahlung wurde allerdings nie beglichen. Auch, ob Uli Hoeneß das Ganze bei der Steuer angeben hat, ist unbekannt.

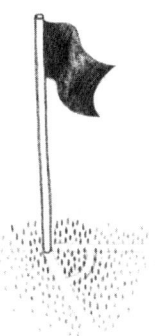

Frag doch mal die Freundin!

In der Bundesligasaison 1991/92 machte der junge Mehmet Scholl beim Karlsruher SC durch grandiose Leistungen auf sich aufmerksam. Dadurch weckte der spätere Europameister von 1996 Begehrlichkeiten bei der Konkurrenz – unter anderem bei der Frankfurter Eintracht und dem FC Bayern München. Problem dabei: Scholl konnte sich nicht entscheiden, wohin die Reise für ihn gehen sollte. Als er seine damalige Freundin Susanne dazu befragte, kam jedoch leider auch keine hilfreiche Antwort. Zwar sei München die schönere Stadt, aber irgendwie sei sie auch verschossen in Stepi – Frankfurts damaligen Trainer Dragoslav Stepanović. Kein Wunder, dass Scholl bei den Bayern unterschrieb …

Wer zum Teufel ist Herr Krüger?

Na, da hat Trainerlegende Rolf Schafstall mal ein dickes Eigentor geschossen: In der Bundesligasaison 1991/92 trainierte der gebürtige Duisburger Fortuna Düsseldorf. Nachdem F95 die ersten sechs Ligaspiele nämlich alle verloren hatte, wurde Schafstall als Retter geholt, unter ihm ging es sportlich auch wieder bergauf. Doch während des Wintertrainingslagers der Rheinländer auf Gran Canaria schaufelte sich der Trainer dann sein eigenes Grab. Da flog auf, dass Schafstall einen gewissen Herrn Krüger ins Hotel geschleust und sogar ein eigenes Zimmer für den fremden Gast hatte buchen lassen. Dummerweise fanden die Fortuna-Verantwortlichen heraus, dass Herr Krüger eine Frau Krüger war – und gleichzeitig die Affäre von Schafstall. Zu viel des Guten, Schafstall musste gehen.

Entspannter pfeifen ...

Eine Frage, die sonst eher in privaten Kreisen heiß diskutiert wird, beschäftigte Anfang der 1990er-Jahre auch die Bundesligavereine. Denn wie österreichische Journalisten des Wiener durch einen kleinen Trick herausfanden, wussten viele Erstligaklubs in Deutschland zu dieser Zeit genau, auf welchen Typ Frau die jeweiligen Bundesligaschiedsrichter standen. Winfried Schäfer, damaliger Trainer des Karlsruher SC, soll den als Vertreter einer Sportagentur getarnten Journalisten gesteckt haben, dass der Verein am Abend vor Spielen jeweils Frauen an die Hotelbar schickte, wo die angesetzten Schiedsrichter gewöhnlich verkehrten. »Gut geführte Vereine wissen genau, wer auf welche Typen steht, ob blond oder brünett«, habe Schäfer verraten. Die Hoffnung: Ein entspannter Schiri pfeift tendenziell besser. Ob das auch für die Schiedsrichterinnen gilt, die es inzwischen in der Bundesliga gibt, ist nicht bekannt.

Probleme des Alltags

Man hat es nicht leicht als Fußballprofi! Probleme des Alltags werden irgendwann so unerträglich, dass einfach ein Tapetenwechsel her muss. Dieses allzu bittere Schicksal traf zum Ende der Bundesligasaison 1991/92 auch Bayern Münchens Stefan Effenberg. Den zwei Jahre zuvor von Borussia Mönchengladbach zum Rekordmeister gewechselten Mittelfeldstrategen zog es im Sommer 1992 nach Italien zum AC Florenz. Auf die Frage nach dem Grund für den Wechselwunsch antwortete Effenberg trocken: »Weil der Garten in München zu klein ist!« Gut, das ist nur allzu verständlich. Schön für Effe: Sechs Jahre später hatte sich wohl ein Anwesen mit größerer Grünfläche in München gefunden, schließlich kehrte der Nationalspieler seinerzeit noch einmal zum FCB zurück.

»Spiel ab!«

Klassische Szene beim Bundesligaspiel der Saison 1992/93 zwischen dem VfL Bochum und dem Karlsruher SC: Rund 20 Minuten vor dem Ende steht es 2:2, aber KSC-Angreifer Manfred Bender startet durch und ist plötzlich an allen – auch an VfL-Keeper Ralf Zumdick – vorbei. Eigentlich bräuchte Bender nur noch einschieben, um die Gäste mit dem Treffer zum 3:2 auf die Siegerstraße zu bringen. Doch zur Verwunderung aller schießt der KSC-Stürmer den Ball nicht ins Netz, sondern legt ihn quer. Zumdick bedankt sich und schnappt sich die Kugel. Großes Gelächter nach der Partie bei den Bochumer Spielern, von denen einer im letzten Moment »Spiel ab!« gerufen hatte. Reichte wohl, um Bender zu verwirren und den Punkt in Bochum zu belassen ...

Effizienz pur!

Wenig Aufwand, viel Ertrag – diese Floskel gilt wohl für wenige Fußballprofis besser als für Paulo Lopes. Als der damals 40-jährige Torhüter im Sommer 2018 seine aktive Karriere bei Benfica Lissabon beendete, hatte er satte 13 Jahre im Trikot des portugiesischen Topklubs hinter sich. Zur Nummer 1 zwischen den Pfosten reichte es dabei aber nie, sodass Lopes insgesamt nur elf Pflichtspiele absolviert hatte – also weniger als eins pro Jahr. Kurios: Somit sammelte der Keeper mehr Titel als Spiele, denn gleich zwölf Pokale durfte Lopes in seiner Zeit bei Benfica in die Höhe recken. Unfassbar effizient!

Der Rekordmann ohne Namen

Stolze 70 Millionen Euro ließ sich der FC Liverpool im Sommer 2018 seinen neuen Torhüter Alisson Becker kosten, zu diesem Zeitpunkt war der Brasilianer damit der teuerste Keeper der Geschichte. Kleine Randnotiz dabei: Im Testspiel gegen den SSC Neapel hatten die Zeugwarte des LFC zwar ein Torwarttrikot mit der Rückennummer 13 dabei, allerdings war dieses noch nicht mit dem Namen des neuen Keepers beflockt worden. Also zückten die Jungs aus England kurzerhand den Edding und malten den Namen »A. BECKER« per Hand auf das Trikot. Dürfte aus der Entfernung kaum aufgefallen sein …

Guter Geschäftsmann

In der Bundesligasaison 1992/93 bekam der FC Schalke 04 mit Günter Eichberg einen neuen Vereinspräsidenten. Neben seiner Tätigkeit für die Königsblauen leitete der sogenannte »Sonnenkönig« verschiedene Kliniken. Als Eichberg dann beim Training S04-Mannschaftsbetreuer Charly Neumann in kurzen Hosen sah, schlug der frischgebackene Präsident die Hände über dem Kopf zusammen. Sein Resümee: Die dicken Krampfadern mussten schnell entfernt werden. Für beide Parteien war es eine Win-win-Situation: Betreuer Neumann konnte während der Saison »wie ein junger Gott« durch das Schalker Parkstadion laufen, und Eichberg hatte eine großartige PR für seine Kliniken.

Standfester Klub

Was wäre die Fußballbundesliga nur ohne das bunte und unendliche Merchandisingangebot der Vereine? Einen ganz besonders witzigen Einfall hatten Anfang der 1990er-Jahre die Kollegen des 1. FC Nürnberg: Neben Trikots, Fahnen und Tassen boten die Franken in ihrem Fanshop eigens entworfene Kondome mit FCN-Logo und verschiedenen Aufdrucken an. Diese machten den Fans während der Benutzung besonders Spaß, standen dort doch Sprüche wie »Wir haben das beste Stellungsspiel«. Na, wenn das mal keine Motivation ist, über die vollen 90 Minuten alles zu geben ...

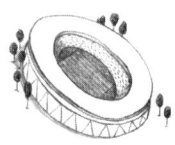

»Hackezu!«

Nach der Bundesligasaison 1992/93 hat Edgar Schmitt bei Eintracht Frankfurt genug, er möchte die hessische Metropole lieber heute als morgen verlassen. Problem dabei: Kurz zuvor hat der Stürmer den Verantwortlichen noch zugesagt, seinen Vertrag verlängern zu wollen. Wie man aus dieser Nummer am besten wieder herauskommt? Mit Alkohol natürlich! Also erklärt Schmitt, er habe bei der mündlichen Zusage unter starkem Alkoholeinfluss gestanden – gestützt wird seine Aussage dabei von Teamkamerad Axel Kruse, der bestätigt, Schmitt sei »hackezu« gewesen. Prost!

Spielertrainer wider Willen

Friedhelm Funkel ist nicht nur ein großartiger Trainer, der noch immer den Rekord an Aufstiegen aus der zweiten Bundesliga ins deutsche Fußballoberhaus hält, sondern er war auch ein großer Spieler. In der Saison 1992/93 verwischten die Grenzen seiner alten und neuen Tätigkeit für 90 Minuten – ohne am Ende aber vollkommen zu verlaufen. Denn als das von Funkel trainierte Bayer Uerdingen am 10. Spieltag beim Karlsruher SC von argen Verletzungssorgen geplagt wurde, kehrte der Trainer in den Spielerkader zurück, während sein Assistent Armin Reutershagen die Rolle als Cheftrainer übernahm. Den Gefallen, sein Comeback feiern zu dürfen, machte ihm der »neue« Trainer nicht, Funkel schmorte 90 Minuten auf der Bank – und muss eine 0:4-Niederlage seiner Uerdinger Mannschaft mit ansehen. Wenn es da mal nicht in den Fußballerbeinen gekribbelt hat ...

Vom Profi zum Mönch

Fußball und Religion – das passt wie die Faust aufs Auge! Wie oft wurde die beliebteste Sportart schon als eigene Religion betitelt ... Der Idee folgte Stefan Mees Anfang der 1990er-Jahre, als er seine aktive Laufbahn als Profifußballer frühzeitig beendete und ins Kloster zog. Dabei hatte Mees, seinerzeit Stürmer des Karlsruher SC, sogar ein Angebot des FC Bayern München ausgeschlagen, um in die Selbitzer Christusbruderschaft einzutreten. Die Wertewelt des Profifußballs bedeute ihm nichts, betonte der Angreifer – schnelle Autos, ein prall gefülltes Konto und schöne Frauen seien für viele Fußballer wichtig, für ihn aber nicht. Irgendwie sympathisch ...

Brasiliens Trainerroulette

Im Jahr 2018 gab es wenige Jobs, die unsicherer waren als die eines Cheftrainers in Brasiliens erster Liga. Auf Rekordkurs in Sachen Trainerrausschmiss befanden sich die Klubs aus dem Land der südamerikanischen Fußballbegeisterten schon Mitte August – denn da hatten bereits 18 der 20 Ligateams ihren Trainer gewechselt. Lediglich die beiden Topklubs Gremio und Internacional hatten im Sommer noch keinen neuen Chefcoach an die Seitenlinie beordert. Nach dem Saisonstart im April bis zur Pause vor der Weltmeisterschaft in Russland hatten sechs Trainer ihren Posten räumen müssen. Vier weitere Teams nutzten eben jene Ligapause für einen Wechsel, acht Klubs tauschten den Coach dann nach Wiederaufnahme des Spielbetriebs aus.

Allrounder

Keisuke Honda ist einer, den man durchaus als »Mädchen für alles« bezeichnen könnte. Im Sommer 2018 wagte der japanische Exnationalspieler, der neben Stationen in seinem Heimatland auch unter anderem bei VVV-Venlo, ZSKA Moskau und dem AC Mailand aktiv war, einen ungewöhnlichen Schritt. Während er seine Karriere als Fußballprofi mit damals 32 Jahren noch beim australischen Erstligisten Melbourne Victory fortsetzen wollte, heuerte Honda zeitgleich beim Verband Kambodschas an – und das nicht nur als Nationaltrainer, sondern gleichzeitig auch als Manager. Hut ab!

Drive In

Wir schreiben das Jahr 1992, die Europameisterschaft in Schweden steht an. Für die Auswahl Dänemarks eigentlich nicht von Belang, denn man hat sich nicht für das Turnier qualifiziert. Aber dann kommt urplötzlich ein Anruf: Jugoslawien wird von der Endrunde ausgeschlossen, die Dänen dürfen doch teilnehmen. Quasi aus dem Sommerurlaub kommt die Truppe um Nationaltrainer Richard Møller Nielsen zusammen, stärkt sich auf dem Weg zum Turnier noch gemeinsam bei Burgern und Pommes – und holt dann wenig später im Finale gegen Deutschland den Titel. So kann es gehen.

Fuß(ball)-Fessel

Der Schotte Paul McGowan nimmt es manchmal nicht ganz so genau mit dem Gesetz. Bereits mehrfach war der Mittelfeldspieler, der unter anderem beim Rekordmeister Celtic Glasgow unter Vertrag stand, mit den Ordnungshütern in Great Britain aneinandergeraten. Im Sommer 2018 übertrieb es McGowan mal wieder, als er in einem Klub einem Türsteher ins Gesicht gespuckt hatte. Die Folge: Der Schotte musste eine elektronische Fußfessel tragen. Das hielt den damals 30-Jährigen jedoch nicht davon ab, zum Ligaauftakt seines Klubs FC Dundee in St. Mirren aufzulaufen. Ganz so spaßig dürfte das Jahr für McGowan allerdings doch nicht mehr gewesen sein: Er wurde zu 200 Stunden Sozialdienst verurteilt und musste die Fessel ein Jahr lang tragen sowie dem Opfer 200 Pfund zahlen. Zudem konnte er nicht an Abendspielen seines Vereins teilnehmen – McGowan hatte jeden Abend ab 19 Uhr Hausarrest.

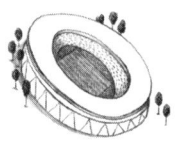

It's magic!

In Zeiten der Digitalisierung und der immer größeren Bedeutung von Klicks und Likes in den Sozialen Medien lassen sich die Teams auf der ganzen Welt stets etwas Neues einfallen, um ihre News an die Fans zu bringen. Im Sommer 2018 trieb es der FC Villareal aus Spanien auf die Spitze: Als der ehemalige spanische Nationalspieler Santi Cazorla, der vom FC Arsenal zum FCV wechselte, präsentiert wurde, baute man vor rund 4500 Zuschauern auf dem Rasen des Stadions El Madrigal ein Podest mit einer Säule auf. Diese war gefüllt mit Rauch, und ein Magier führte eine Art Beschwörung durch. Als der Rauch verpuffte, stand Cazorla plötzlich auf dem Podest. Simsalabim!

Tierische Idee

Wenn das Geld knapp wird, muss man eben kreativ werden. Einen ganz besonderen Weg schlug im Sommer 2018 der türkische Klub Gülspor ein, als die finanziellen Mittel auszugehen drohten. Kurzerhand verkaufte der Verein aus der Provinz Isparta 18 Spieler aus dem Kader – um von dem eingenommenen Geld eine 18-köpfige Ziegenherde zu erwerben. Die Hoffnung: Durch die Einnahmen für Ziegenmilch und -käse sollten langfristige Einnahmen generiert werden. Außerdem rechnete man damit, dass sich die Herde schnell vermehren würde, sodass in der Folge auch die Einnahmen stiegen. Määäähhhga Idee!

Smells like Wettmafia

In der Qualifikationsrunde zur Europa League wähnte sich Dinamo Minsk im August 2018 nach einem 4:0-Hinspielerfolg über Zenit St. Petersburg eigentlich schon recht sicher in der nächsten Runde. Doch im Rückspiel wurde es – sagen wir mal – kurios: Zur Pause führte Gastgeber Zenit mit 1:0, und nach Ablauf der regulären Spielzeit schafften die Russen es mit einem 4:0 in die Verlängerung. In der neunten Minute der Nachspielzeit dann der Schock, Minsk erzielte das 1:4 und machte einen großen Schritt in Richtung Playoffs. Doch dann folgte die St. Petersburger Schlussoffensive: In den Minuten 109 bis 123 zerlegte Zenit den Gegner komplett und stellte auf 8:1 – was den klaren Einzug in die nächste Runde bedeutete. Das Ganze riecht ein ganz klein wenig nach Wettmafia...

Ein Mann sieht Rot

Für den Fußballspieler Joel Keller sollte im Sommer 2018 ein neues Kapitel seiner Karriere beginnen: Nach seiner Ausbildung beim FC Basel sowie Stationen bei den U23-Teams des 1. FC Nürnberg und des FC St. Pauli wechselte der Schweizer Anfang Juli zum norddeutschen Regionalligisten SC Weiche Flensburg 08. Doch sein Start in das neue Abenteuer wurde zum Albtraum, denn gleich in seinen ersten beiden Viertligaspielen für die Flensburger sah Keller jeweils die Rote Karte! Am ersten Spieltag verschuldete er mit einer Notbremse in der 39. Minute einen Elfmeter, der zum 0:2 führte. Nur eine Woche nach abgesessener Sperre durfte der Verteidiger ausgerechnet gegen seinen Exklub St. Pauli II wieder ran – und wurde nach nur 13 Minuten erneut des Feldes verwiesen. Abermals aufgrund einer Notbremse, dieses Mal gelang dem FCSP sogar im Anschluss das 1:0 per Strafstoß. Einstand nach Maß, Herr Keller!

Der Pokalgarant

Der Pokal hat seine ganz eigenen Gesetze. Soweit, so bekannt. Ein Gesetz lautet: Steht Rafinha auf dem Platz, muss man sich um das Weiterkommen seiner Mannschaft keine Sorgen machen. Der Brasilianer, der in Deutschland für den FC Schalke 04 und den FC Bayern auflief, schaffte es im August 2018, eine unglaubliche Serie fortzuführen: Durch das 1:0 des FCB beim SV Drochtersen/Assel knackte Rafinha den unfassbaren Rekord, im DFB-Pokal 30 Siege in Folge einzufahren. Bedeutet auch: Wenn der brasilianische Ex-Nationalspieler nicht auf dem Platz stand, schieden seine Klubs aus – mit ihm ging es immer in die nächste Runde. Oder es wurde halt der Titel geholt...

Man ist so alt, wie man sich fühlt

Im Sommer 2018 wurde in Italien ein neuer Verein gegründet: der AC Vicenza 1902. Kurios dabei: Kurz nach der Gründung stand zwar noch nicht fest, in welcher Liga die Italiener spielen durften, einen prominenten Spieler mit ehemaligem Weltstarformat konnten die Verantwortlichen aber schon für ihr Team gewinnen: Djibril Cissé, immerhin Champions-League-Sieger von 2005, wechselte vom Schweizer Drittligisten Yverdon-Sport zum AC. Was viele nicht wussten: In der abgelaufenen Saison vor seinem Wechsel nach Italien war der damals 37-jährige Cissé in der Schweiz mit 24 Treffern in 29 Spielen noch Torschützenkönig geworden – und das trotz eines künstlichen Hüftgelenks!

Looks like Hotdogs

Für Aufsehen sorgte im Sommer 2018 der australische Ama-
teurklub AFC Bedale – und zwar mit seinen neuen Trikots!
Im Juli präsentierten die Kicker aus Down Under ihre neue
Spielkleidung, welche den Look eines Hotdogs hatte. Rechts
und links zierten die typisch beigefarbenen Brötchenhälften
Trikots und Hosen, in der Mitte war eine saftige Wurst mit
Senf und Ketchup abgedruckt – lecker! Das i-Tüpfelchen: Im
Nacken stand der kesse Spruch »You'll never pork alone«.
Doch warum das Ganze? Gemeinsam mit Hauptsponsor
HECK, einer Würstchenmanufaktur, wollte man die Auf-
merksamkeit nutzen, um Spenden für den guten Zweck und
gegen Prostatakrebs zu sammeln. Mit Erfolg: Ende Juli hatte
der AFC bereits über 140 000 Pfund gesammelt – Hut ab!

Ronaldo als Schnäppchen – theoretisch

Wie schnell sich die Zeiten ändern können! Nur wenige Monate, bevor Christiano Ronaldo im Sommer 2018 per spekta-
kulärem Transfer von Real Madrid zu Juventus Turin wechselte, wollte Reals Präsident Fiorentino Perez dem Ganzen
noch einen Riegel vorschieben. Der mächtige Madrilene
hatte damals behauptet, Ronaldo nicht einmal gehen zu lassen, wenn ein möglicher Bieter den portugiesischen Superstar in Gold aufwiegen würde. Gut für Perez, dass niemand
auf die Idee kam. Denn wenn man die 84 Kilo Körperge-
wicht von CR7 in Gold aufgewogen hätte, hätten lediglich
3 Millionen Euro den Besitzer gewechselt. In der Realität
gab es 112 Millionen Ablöse.

Der Dríbbelköníg

Bei seinem Arbeitsbeginn beim FC Liverpool im Sommer 2018 war Alisson Becker der teuerste Keeper, der jemals den Verein gewechselt hatte. Stattliche 70 Millionen Euro wurden überwiesen. Nicht ganz zu Unrecht, wie sich nur kurz nach seinem Start in England herausstellte – denn der Brasilianer zeigte nicht nur auf der Linie sein Können, sondern auch außerhalb seines gewohnten Terrains. Im Ligaspiel des LFC gegen Brighton & Hove Albion absolvierte der Nationalkeeper der Seleção einige Dribblings. Und »einige« ist sogar noch etwas untertrieben: Die Statistiken zeigten nach der Partie, die Liverpool knapp mit 1:0 gewann, dass Alisson mehr Dribblings gemacht hatte als die Feldspieler Naby Keita, Roberto Firmino und Andrew Robertson zusammen. Der ist also jeden Cent Wert, dieser Keeper.

Der Torjäger von ganz unten

Von der Kreisliga in die Bundesliga – diesen Traum haben unzählige Fußballspieler, wahr wurde er bisher aber nur für wenige. Doch im Sommer 2018 gab es in Fußball-Deutschland ein neues Märchen – nämlich das des Stürmers Hendrik Weydandt von Hannover 96. Vier Jahre zuvor spielte der groß gewachsene Angreifer noch beim TSV Groß Munzel in der Kreisliga, ehe er in die Regionalliga zum 1.FC Germania Egestorf/Langreder wechselte. Dort machte Weydandt weiter auf sich aufmerksam, ehe er im Juli 2018 zur zweiten Mannschaft der 96er ging. So war zumindest der Plan, aber schon im Training vor der neuen Bundesliga-Saison machte der Stürmer so viel Dampf, dass er direkt bei den Profis mit randurfte. Was ihm dann gelang, ist eigentlich unglaublich: Bei seiner Pflichtspielpremiere für die Hannoveraner im DFB-Pokal wurde er beim 6:0-Sieg gegen den Karlsruher SC acht Minuten vor Schluss eingewechselt und traf noch zweimal. Eine Woche später feierte der damals 23-Jährige beim 1:1 gegen den SV Werder Bremen auch noch sein Erstligadebüt – und wie! Als Weydandt eine Viertelstunde vor Schluss eingewechselt wurde, führten die Bremer noch mit 1:0. Doch der ehemalige Kreisligakicker hatte was dagegen und traf mit seinem ersten Ballkontakt zum Ausgleich. Damit hatte er mit seinen ersten drei Schüssen im Profifußball drei Buden gemacht. Unfassbare Geschichte!

Ach du dickes Ei!

Mit Mikrowellen soll man sich nicht anlegen. Dieser Rat kam für den Verteidiger Kirk Broadfoot von den Glasgow Rangers zu spät. Als er sich anno 2009 zwei Frühstückseier in der Mikrowelle kochen wollte, geriet er in ernsthafte Gefahr: Ein Ei platzte nämlich, als es hinterher auf Broadfoots Teller lag – der Verteidiger erlitt schwere Verbrühungen im Gesicht.

Zidane vs. Lopetegui – wenig königlich

Nach der Saison 2017/18 hatte es beim spanischen Topklub Real Madrid einen Paukenschlag gegeben, als Zinédine Zidane von seinem Posten als Cheftrainer der »Galaktischen« zurücktrat. Der Franzose konnte auf eine erfolgreiche Zeit zurückblicken, hatte er doch dreimal hintereinander die Champions League gewonnen. Weitere starke Statistiken: Niemals hatte Zidane mit Real vier Gegentore in einem Pflichtspiel kassiert, niemals hatte er ein Pokalfinale mit seinem Team verloren. Fun-Fact: Zidanes Nachfolger, Julen Lopetegui, schaffte es gleich in seinem ersten Pflichtspiel als Real-Coach, diese Statistiken seinerseits zu brechen. Im Finale des UEFA-Super-Cups verlor Real mit dem neuen Trainer gegen den Stadtrivalen Atlético mit 2:4.

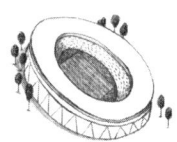

Zu doll gefreut ...

Ja ja, wenn die Freude mal wieder so groß ist, dass man es einfach übertreibt ... Eine schmerzhafte Erfahrung musste Eusebio Di Francesco, Trainer der AS Roma, im August 2018 machen, als seinem Team eine furiose Aufholjagd gelang. Im heimischen Stadio Olimpico lag die Roma zur Halbzeit mit 1:3 gegen Atalanta Bergamo zurück, doch zwei Treffer der Hauptstädter im zweiten Durchgang sorgten noch für ein 3:3-Remis. Beim späten Ausgleich durch Innenverteidiger Kostas Manolas in der 82. Minute war die Freude bei Coach Di Francesco so groß, dass er mit der Hand gegen die Trainerbank schlug. Die Folge: Handbruch, Operation.

Doch halb so schlimm, schon kurze Zeit später leitete der Italiener wieder die Trainingseinheiten seines Teams. Ob die Bank Schaden davontrug, ist nicht bekannt.

Der Fluch des Fluchens

Eine Denkpause der besonderen Art erhielt im August 2018 der italienische Fußballprofi Rolando Mandragoda. Der junge Spieler von Udinese Calcio bekam eine Sperre für ein Spiel, nachdem ein Lippenleser ihm per Videobeleg »blasphemische Bemerkungen« nachweisen konnte. Gotteslästerung? Ja. Der Mittelfeldspieler hatte während der Partie gegen Sampdoria Genua, die mit 1:0 gewonnen werden konnte, Folgendes geflucht: »Porca Madonna, Vaffanculo, Dio Cane!« Eine rüde Beschimpfung der Jungfrau Maria und Gottes, die wir lieber nicht übersetzen wollen – und die offensichtlich zu viel des Guten war für die Nächstenliebe der Ligaverantwortlichen!

Früher an später denken!

Der FC Chelsea ist seit vielen Jahren dafür bekannt, viele junge Talente zu verpflichten, diese dann gleich wieder an andere Teams weiter zu verleihen, um die Entwicklung voranzutreiben. Im Jahr 2018 geriet das Ganze etwas aus den

Fugen, denn im August standen sage und schreibe 32 Profis bei den »Blues« unter Vertrag, die zwischenzeitlich bei anderen Vereinen untergekommen waren – das ist mehr, als die meisten Teams überhaupt an Spielern im Kader haben ...

Die Mutter aller Phantomtore

... wurde in der Bundesligasaison 1993/94 geboren. Im April 1993 war es nämlich Thomas Helmer, der beim 2:1-Sieg des FC Bayern München über den 1. FC Nürnberg den Ball aus kurzer Distanz nicht über die Linie, sondern neben den Pfosten ins Toraus stocherte. Dennoch entschied Schiedsrichter Osmers auf »Treffer« – was natürlich allen voran beim Klub, aber auch bei den anderen Beteiligten für große Verwunderung sorgte. Der DFB entschied, dass der Ausgang des Spiels nicht gewertet und ein Wiederholungsspiel absolviert werden sollte. Das gewannen die Bayern übrigens klar mit 5:0. Thomas Helmer schoss dabei kein Tor.

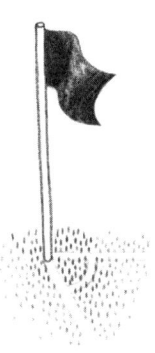

Gestrickt, nicht genäht

Den FC Schalke 04 und den 1. FC Nürnberg verbindet schon seit etlichen Jahren eine enge Fanfreundschaft. Diese wurde in der Bundesligasaison 1993/94 in besonderem Stil ausgelebt: Am achten Spieltag trafen die beiden Klubs aufeinander, die befreundeten Fanlager zelebrierten diesen Tag mit der Präsentation eines Fanschals in Extralänge. Exakt 1800 Meter maß das in den Farben Blau und Weiß gehaltene Accessoire. Bitter: Ins Guinness-Buch der Rekorde schafften es die Anhänger beider Vereine nicht. Der Grund: Laut den Statuten hätte der Schal gestrickt sein müssen, nicht genäht.

Die »Schutzschwalbe«

Im Jahr 1995 feierte Borussia Dortmund mit einem Punkt Vorsprung vor dem SV Werder Bremen die Deutsche Meisterschaft. Knappes Ding, zu dem es beinahe gar nicht gekommen wäre. Doch da war ja die Sache mit Andreas Möller und der berühmten »Schutzschwalbe«. Am 26. Spieltag spielte der BVB gegen den Karlsruher SC, die Baden-Württemberger führten mit 1:0, als Möller im Strafraum ins Duell mit KSC-Abwehrmann Dirk Schuster ging. Obwohl der Karlsruher weit vom Dortmunder Offensivspieler entfernt war, hob Möller theatralisch ab – und wurde mit dem Pfiff des Schiedsrichters belohnt. Strafstoß, Michael Zorc verwandelte. Die volle Punktausbeute sicherte kurz vor Schluss Matthias Sammer, der BVB machte einen wichtigen Schritt in Richtung Tabellenführung. »Übeltäter« Schuster brachte seinen Zorn später im Interview auf den Punkt, indem er allen Schwalben dieser Welt sein Beileid bekundete, nun mit Möller verglichen zu werden. Ob Möller für seine Schutzschwalbe irgendwem Schutzgeld zahlen musste, ist nicht bekannt.

Der Fahnen-Fuchs

Am 18. Spieltag der Bundesligasaison 1994/95 hat der 1. FC Kaiserslautern die Rheinländer von Bayer 04 Leverkusen zu Gast. Doch die Partie auf dem Betzenberg musste mit Verspätung angepfiffen werden: Als Schiedsrichter Wolf-Günter Wiesel das Equipment für die Partie zwischen den Roten Teufeln und den Leverkusenern auf Vollständigkeit überprüfte, stellte er das Fehlen der beiden Fahnen für seine Assistenten fest. Doch der Unparteiische wusste sich sofort zu helfen: Kurzerhand zersägte Wiesel einen Besenstil und zerschnitt ein gelbes Trikot, fügte beide Teile zusammen – und gab die Partie mit nur zehn Minuten Verspätung frei. Glück brachten die provisorischen Fahnen den Lauterern nicht, am Ende gewann Bayer 04 mit 1:0.

Der Doping-Depp

Im Februar 1995 gibt es in der Fußball-Bundesliga den ersten Dopingfall der Liga-Geschichte. Roland Wohlfarth spielte damals beim VfL Bochum 1848, konnte sich aber trotz seiner Tätigkeit als professioneller Fußballspieler am Büfett nicht immer zurückhalten. Nachdem der Stürmer mal wieder zu viel gegessen hatte, besorgte er sich in der Apotheke einen Appetitzügler, um diesen in schwachen Momenten zu konsumieren. Was er dabei leider übersah: In dem Medikament war die verbotene Substanz Norephedrin enthalten, die auf der Dopingliste stand. Nach einem Hallenturnier wurde Wohlfarth der Konsum des verbotenen Mittels nachgewiesen, der VfL-Angreifer musste eine zweimonatige Sperre und eine Geldstrafe von 60 000 Mark abbrummen. Diagnose: Dick & Doof.

Ich bin dann mal so frei ...

Mario Basler hatte schon immer seinen eigenen Kopf. Als er im Jahr 1995 beim SV Werder Bremen unter Vertrag stand und aufgrund einer Verletzung nicht am Trainings- und Spielbetrieb teilnehmen konnte, gestaltete er seine Freizeit ganz nach seinen Vorlieben. Während seine Mannschaftskollegen ein Europapokalspiel absolvierten, saß Basler in einer Show des Privatsenders RTL. Pikant war dabei nicht nur der Zeitpunkt, sondern auch seine »Verpflegung«: In der einen Hand hielt der Mittelfeldregisseur eine Zigarette, mit der anderen griff er immer wieder zum Bierglas. Da wäre man doch glatt gern öfter verletzt ...

Jetlag? Kein Problem!

Wer kennt es nicht? Nach einem Urlaub in ferneren Ländern ist man erst einmal völlig ausgelaugt, der Jetlag macht einem zu schaffen. Giorgian de Arrascaeta kennt dieses Gefühl wohl nicht – oder er scheint es im Oktober 2018 gut überspielt zu haben. Da nämlich traf der Mittelfeldspieler aus Uruguay zunächst an einem Dienstag im Länderspiel auf Japan, flog dann per 25-Stunden-Flug nach Brasilien und stand keine 24 Stunden später schon wieder im Pokalfinale seines Vereins EC Cruzeiro Belo Horizonte auf dem Platz. Und unvorstellbar: Er erzielte dabei das entscheidende Tor zum Pokalsieg!

Kein »Standard«, kein »Auba«

Aus einem anderen Holz ist Pierre-Emerick Aubameyang geschnitzt. Ein Länderspiel für sein Heimatland zu bestreiten, das ist doch eigentlich eine der größten Ehren, die Fußballprofis zuteil werden können. Das sieht Aubameyang wohl etwas anders. Im Oktober 2018 sagte der Stürmer, beim FC Arsenal unter Vertrag, ein Länderspiel seines Heimatlandes Gabun ab, weil ihm das Transportmittel zum Spiel missfiel. Das eingesetzte Flugzeug entspräche nicht dem »Standard von Topathleten«, ließ der Stürmer verlauten.

Blitzschneller Doppelpacker

In der Leichtathletik hat Usain Bolt seine Schuhe an den Nagel gehängt, doch im Jahr 2018 machte der mehrmalige Sprint-Olympiasieger und -weltmeister dann auch im Profifußball auf sich aufmerksam. Bei den Central Coast Mariners und seinem Startelfdebüt in Australien bewies der damals 32-Jährige gleich, dass mit ihm zu rechnen sei. Im Testspiel gegen McArthur South West United, das die Mariners mit 4:0 gewannen, schnürte Bolt direkt einen Doppelpack. Ob er das bei Borussia Dortmund gelernt hat? Da absolvierte der Jamaikaner nämlich wenige Monate zuvor ein Probetraining ...

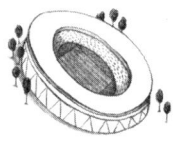

Maguire, dieser Pfundskerl

Ach ja, die Engländer – ein herrlich fußballverrücktes Volk! Im Oktober 2018 gingen die Briten sogar beinahe so weit, dass Harry Maguire, englischer Nationalspieler, auf dem 50-Pfund-Schein abgedruckt werden sollte. Die Bank Of England arbeitete während dieser Zeit an einem neuen Design für den Schein, und laut einer Online-Petition sprachen sich Tausende Fans dafür aus, Maguire darauf abzubilden. Besonders schön: Das bevorzugte Bild zeigte den Abwehrspieler nur in Badehose bekleidet und auf einem aufblasbaren Einhorn reitend im Pool. Und das soll nur 50 Pfund wert sein? Doch leider werden wir Maguire nicht auf der Banknote bewundern können, die Bank von England druckt keine lebenden Personen auf ihre Geldscheine.

Víze-Ballack

Zweiter zu werden ist keine Schande, es sei denn man übertreibt es wie Michael Ballack.

Der langjährige DFB-Mannschaftskapitän Michael Ballack hätte in der Saison 2001/2002 unglaublich viele Titel gewinnen können. Hätte. Am Ende sprang jedoch nicht einmal ein Einziger heraus – denn Ballack wurde in gleich vier Wettbewerben nur Zweiter: Mit Bayer 04 Leverkusen reichte es in der Bundesliga hinter Borussia Dortmund nur zum Vizemeister, und im DFB-Pokal-Finale unterlag man FC Schalke 04 mit 2:4. Außerdem verlor der Mittelfeldstratege das Champions-League-Endspiel gegen Real Madrid 1:2 und zog auch noch im WM-Finale gegen Brasilien (0:2) den Kürzeren. Aber an dieser Niederlage trifft Ballack keine Schuld: Der 98-fache Nationalspieler, mit 42 Treffern unglaublich torgefährlich, durfte im Endspiel gegen Brasilien wegen einer Gelbsperre nicht mal mitspielen.

Sieg ohne Angriff

Es gibt schlechte Angriffsreihen, es gibt sehr schlechte Angriffsreihen – und es gibt da noch die Offensive des englischen Klubs Crystal Palace im März 2017. Im Spiel gegen den FC Watford zählten die Statistiker über die kompletten 90 Minuten plus Nachspielzeit keinen einzigen Torschuss, nicht mal ein Schüsschen. Umso mehr verwundert, dass Crystal Palace das Spiel 1:0 gewann. Des Rätsels Lösung: Watfords Troy Deeny sorgte per Eigentor für die Entscheidung. Das ist mal echte Effizienz.

Hattrick der Schande

An so manchem Tag, ach, da wär man lieber im Bett geblieben ... Auf einen bestimmten Tag zum Beispiel hätte Stan van den Buys wohl liebend gern verzichtet, denn seit diesem hält der Belgier bis heute den Rekord der meisten Eigentore in einem Spiel in Profiligen. Es war das Jahr 1995, in dem sich der Verteidiger als besonders treffsicher erweisen sollte. In einem Spiel der belgischen ersten Liga zwischen seinem Klub Germinal Ekeren und dem RSC Anderlecht traf er gleich dreimal ins eigene Netz. Bitter: Die Gegner schossen kein einziges Tor selbst, dennoch verlor Ekeren mit »Toptorjäger« van den Buys in den Reihen mit 2:3.

Basler? Gülesh!

In der Fußballbundesliga war Mario Basler berüchtigt für seine starken Standards, besonders seine Eckstöße führten immer wieder zu Treffern. Gern auch mal direkt verwandelt, keine Seltenheit beim deutschen Nationalspieler. Doch Meister in Sachen direkt verwandelter Ecken war keineswegs Basler, sondern Sükrü Gülesh. Der Türke spielte in den 1940er- und 1950er-Jahren und verwandelte in dieser Zeit unfassbare 32 Eckbälle direkt. Was für ein Schlitzohr! Über Regeln wie »drei Ecken, ein Elfer« konnte Gülesh nur milde lächeln.

Keiner guten Dinge sind drei

Es gibt ein paar goldene Regeln im Fußball. Zum Beispiel, bei einem Elfmeter sollte der Gefoulte nicht selbst antreten. Und wenn man schon antritt und verschießt, nicht noch mal antreten. Aber manchmal ist das Selbstbewusstsein stärker als alle Regeln. Statistiken belegen: Bekommt ein Team im Fußball einen Elfmeter zugesprochen, darf in 75 bis 80 Prozent der Fälle nach Ausführung ein Tor bejubelt werden. Aber nicht so im Juli 1999 für den mehr als selbstbewussten Martin Palermo, argentinischer Nationalspieler. Im Copa-America-Duell zwischen seinen »Gauchos« und Kolumbien bekam Palermos Team gleich drei Elfmeter zugesprochen, die der Stürmer aber alle drei nicht versenken konnte. Einziger Trost für den Argentinier: Immerhin schaffte er es damit ins Guinness-Buch der Rekorde ...

Verflixte Elfer ...

Im Aufstiegsspiel für die italienische Oberliga im Sommer 2011 begegneten sich der ASV Tramin und US Dro Calcio. Es kommt am Ende zum Elfmeterschießen. Ausgerechnet der entscheidende Elfer eines Tramin-Spielers prallt an die Latte, worauf der gegnerische Torwart vor lauter Freude aus dem Kasten rennt und mit seinen Mannschaftskollegen den vermeintlichen Sieg feiern will. Doch hinter seinem

Rücken passiert noch etwas: Der Ball hat beim Aufprall auf den Boden nämlich noch Effet und rollt am Ende sogar kurios ins Tor! Nach dem Regelwerk ist es ein Treffer, es geht also weiter. Dro Calcio vergibt den anschließenden Elfer – und verliert. Doch der Klub protestiert, und der Verband erklärt das Elfmetertor im Nachhinein tatsächlich für ungültig. Aber auch im Wiederholungsspiel gewinnt Tramin. Und Sie dürfen raten, wie: wieder im Elfmeterschießen.

Die besondere Nationalhymne

Als Michael Ballack im Juli 2008 seine Simone heiratete, da fuhr der Kapitän der deutschen Fußballnationalmannschaft mächtig auf. In einem Yachtklub am Starnberger See wurde gefeiert, viele prominente Gäste fanden den Weg zur Trauung mit anschließender Party. Besonderes Highlight dabei dürfte für viele der Auftritt des britischen Sängers Elton John gewesen sein. Wobei – dass der Engländer auf seinem Flügel auch die deutsche Nationalhymne intonierte, war sicherlich etwas befremdlich. Erstaunliche Weise konnte Elton John den Text besser als Sarah Connor und Mezut Özil ...

Wo die Liebe hinfällt

Fun Fact: Der Zwillingsbruder der Frau von Lukas Podolski heißt Lukas Puchalski.

Interkontinental

Die Fußballweltmeisterschaft 2018 war die erste, die auf zwei verschiedenen Kontinenten stattfand – in Asien und in Europa. Das Zentralstadion in Jekaterinburg befindet sich nämlich knapp 40 Kilometer östlich von der imaginären Trennlinie zwischen Europa und Asien. Die elf restlichen Stadien, in denen die Partien der WM-Endrunde ausgetragen wurden, liegen alle im europäischen Teil Russlands.

Reina und der Wasserball

Eine besonders bittere Niederlage kassierte der FC Liverpool im Oktober 2009 im Duell mit dem FC Sunderland. Es lief die fünfte Minute des Spiels, als LFC-Keeper Pepe Reina sich nicht nur einem, sondern gleich zwei Bällen gegenübersah. Ein kleiner Fan hatte nämlich einen roten aufblasbaren Wasserball auf das Spielfeld geworfen, kurze Zeit später schoss dann Sunderlands Darren Bent aufs Tor. Der Wasserball fälschte dabei den echten Spielball so unglücklich ab, dass Reina im Liverpooler Kasten keine Chance hatte und die Kugel zum Führungstreffer des FCS ins Tor flog. Wie bitter: Zum einen hätte der Treffer laut Regelwerk wegen »äußerer Einflüsse« gar nicht zählen dürfen, zum anderen verlor Liverpool die Partie aufgrund dieser kuriosen Szene, es blieb nämlich beim 1:0-Sieg aus Sunderland-Sicht. Der Legende nach gibt es seit diesem Tag in der Familie Reina im Urlaub ein striktes Wasserballverbot!

Niederlage? Kann nicht sein!
Dann lieber Fake-News

Wir leben in Zeiten, in denen Endergebnisse von Fußballspielen innerhalb von Sekunden in der ganzen Welt bekannt werden, dem Internet sei Dank. Wo man heute per Fingerdruck sofort den Endstand einer Partie finden kann, war früher harte Arbeit angesagt. Zu einem kuriosen Zwischenfall kam es in diesem Zusammenhang bei der Fußballweltmeisterschaft 1950 in Brasilien. England traf auf die USA, doch der Underdog aus Amerika entschied die Partie entgegen aller Erwartungen mit 1:0 für sich. Ein britischer Redakteur hatte sich das Ergebnis, da die Partie nicht im TV übertragen worden war, von einem vor Ort weilenden Kollegen telefonisch sagen lassen und einen Text verfasst. Ein Kollege des Sportjournalisten korrigierte dann aber das Ergebnis von 0:1 aus englischer Sicht auf 10:1, da er sich beim besten Willen nicht vorstellen konnte, dass das Mutterland des Fußballs gegen die USA verloren haben sollte. Stimmte aber, und der Londoner Redakteur musste schmerzvoll feststellen, was es bedeutet, wenn Favoriten über Außenseiter stolpern. Hoffen wir mal, dass die englischen Buchmacher den vermeintlichen ‚Gewinnern' ihre Kohle nicht schon ausgezahlt hatten.

Die Geschichte von
Marco und Steffi

Als deutscher Fußballnationalspieler trifft man manchmal auch auf andere prominente Persönlichkeiten. Marco Bode lernte im Rahmen eines Länderspiels der DFB-Elf beispielsweise einst Nelson Mandela kennen, den ehemaligen Präsidenten Südafrikas. Das Treffen dürfte dem Fußballprofi intensiv Erinnerung geblieben sein, denn noch Jahre später plauderte Bode in einem TV-Interview aus, dass Mandela ihn mit durchaus witzigen Worten begrüßt habe. »Er hat mir die Hand gegeben und gesagt: ›You look exactly like Steffi Graf‹.« Und das Verrückte ist, wenn man mal genau hinschaut, gibt es tatsächlich eine deutliche Ähnlichkeit. Die Frage lautet nun, für wen der beiden das schmeichelhafter ist.

Aushilfsstürmer

Immer dieses Verletzungspech! Den Hamburger SV traf es in der Bundesligasaison 1995/96 besonders hart, Trainer Felix Magath hatte sogar Probleme, seinen Kader für die Partie gegen Hansa Rostock mit Profis zu füllen. Da der DFB eine Sondergenehmigung, dass der HSV drei Amateure einsetzen durfte, abgelehnt hatte, kam Magath auf die Idee eines stillen Protests. Dieser bestand darin, dass »Quälix« in der 83. Minute seinen Feldspieler Daniel Stendel für Torhüter Holger Hiemann auswechselte, es standen demnach zwei Hamburger Keeper auf dem Feld. Doch Stammtorwart Richard Golz zog sich gleich die Handschuhe aus und tauschte sein Trikot gegen das eines Feldspielers, um fortan im HSV-Sturm zu lauern. Ein Treffer gelang dem Aushilfsangreifer jedoch nicht mehr, die Gäste verloren das Nordduell in Rostock mit 0:2.

Sonder-Elfmeter

Was beim Football üblich ist, – den Ball beim Kick festhalten -, ist beim Fußball unmöglich. Eigentlich. Denn auf den Fäöer Inseln ist dies auch bei Fußballstrafstößen erlaubt. Und das liegt am Wetter. Besser gesagt: An den heftigen Winden und Stürmen, die dort häufig vorkommen. Damit der (ruhende) Ball nicht andauernd vom Winde verweht, darf ein anderer Spieler dem Elfmeterschützen den Ball am Punkt mit der Hand festhalten, bevor dieser schießt. Kurios. Und sogar von der FIFA genehmigt.

Im Fußball braucht man manchmal Geduld

Nämlich dann, wenn das Wetter nicht mitspielt. So geschehen im Scottish Cup im Jahre 1979. Für die Partie Inverness Thistle gegen Falkirk brauchten die Zuschauer sogar ziemlich viel Geduld. Unglaubliche 29 Mal wurde die Begegnung aufgrund der unzumutbaren Wetterlage verschoben. So hart ist das Leben als Fußballfan auf den Britischen Inseln.

Der letzte Mann

Nebel des Grauens: Als beim Spiel des FC Chelsea gegen Charlton Athletic plötzlich dicker Nebel aufzog, entschied sich der Unparteiische dazu, die Begegnung abzubrechen. Lustigerweise bekam ein Spieler den Spielabbruch jedoch gar nicht mit! Chaltons Torwart harrte noch eine ganze Viertelstunde tapfer im Tor aus, bevor auch er registrierte, dass das Spiel längst beendet war. Erst als ein Polizist, der Streife lief, ihn aufklärte, verließ er seinen Arbeitsplatz. Immerhin hatte er seinen Kasten bis zu diesem Zeitpunkt sauber gehalten!

Von der Stasi krankgeschrieben

Stefan Beinlich war Fußballprofi und stand unter anderem für Hansa Rostock, Bayer Leverkusen, Hertha BSC Berlin oder den Hamburger SV in der Bundesliga auf dem Platz. Beinahe wäre es aber gar nicht zu seiner tollen Karriere mit insgesamt 288 Erst- und 62 Zweitligaeinsätzen gekommen. Denn 1986, im besten Teenageralter, wurde bei Beinlich ein lebensgefährlicher Herzfehler diagnostiziert. Rund anderthalb Jahre lang durfte »Paule«, wie er von seinen Mitspielern genannt wurde, nicht mehr Fußball spielen. Erst dann fand man den wahren Grund für seine »Sperre« heraus: Der Stasi passte Beinlichs Tante im Westen nicht, der in Ostberlin geborene Fußballer wurde deshalb kaltgestellt und zwar durch besagte, gelogene Diagnose.

Siebbeinbruch

Als Dirk Dammann vom FC St. Pauli in der Bundesligasaison 1996/97 im Bad seines Zimmers im Mannschaftshotel ausrutschte, hatte der Abwehrspieler der Hamburger noch Glück im Unglück: Zwar zog sich Dammann bei der Kollision mit der Badewanne eine schmerzhafte Jochbeinprellung zu, doch einem Einsatz im nächsten Spiel stand zunächst nichts im Wege. Bis der Defensivmann sich kurze Zeit später die Nase etwas zu fest putzte, wobei er sich das Siebbein brach. Kein Witz. Weil zu viel Blut in die Nasennebenhöhlen gelaufen war, konnte er dann doch nicht spielen. Wie bitter – gibt es doch deutlich ehrenvollere Verletzungen.

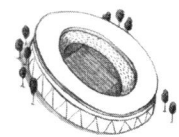

Keiner mag mich

Das war wohl kein allzu cleverer Schachzug von Jens Jeremies: Im November 1997 kündigte er, damals noch beim TSV 1860 München unter Vertrag, seinen Wechsel zum Saisonende an. Und wohin? Ausgerechnet zum Stadtrivalen und Rekordmeister FC Bayern München. Was vorherzusehen, für Jeremies aber anscheinend kein Problem war: In den Monaten, die bis zu seinem Wechsel vergingen, war der Mittelfeldabräumer bei beiden Klubs nicht gern gesehen. Die 1860-Fans wollten laut Plakaten »keine Bayernschweine« im Kader haben, die FCB-Anhänger hingegen entschieden sich für die klassischen »Feind bleibt Feind«-Ausrufe. Am Ende wurde Jeremies bei den Bayern aber doch noch glücklich und feierte unter anderem sechs Meistertitel, vier

Pokalsiege sowie den Gewinn der Champions League mit den Münchnern. Übrigens fand 2015 im Haus von Jens Jeremies, der sich immer noch den Luxus einer eigenen Loge in der Allianz Arena leistet, ein Privatkonzert der Toten Hosen statt. Dabei wurde auch ihr Hit »Ich würde niemals zum FC Bayern gehen« gespielt. Verstehe einer Jens Jeremies.

Geflügelte Legat-Worte

Thorsten Legat war nie der große Wortakrobat, hat in seinen Statements aber oft für große Lacher gesorgt. Als der Mittelfeldakteur von 1996 bis 2000 im Schwabenland beim VfB Stuttgart spielte, wurde der gebürtige Bochumer von den ortsansässigen Journalisten gefragt, ob er die regionale Spezialität, die Spätzle, bereits gegessen habe. Legat musste kurz überlegen, gestand dann aber: »Die habe ich noch nicht probiert, im Allgemeinen mag ich Geflügel aber sehr gern!«

Cacau und der Pfeffer

In der Bundesligasaison 2002/03 ging Jeronimo Claudemir Barreto, in Fußballdeutschland nur als Cacau bekannt, für den 1. FC Nürnberg auf Torejagd. Sein Geheimrezept dabei: Vor jedem Spiel cremte sich der in Brasilien geborene, aber mit deutschem Pass ausgestattete Stürmer die Füße ein und streute dann frisch gemahlenen Pfeffer darüber. Wofür das Ganze? Das Rezept seiner Mutter helfe ihm, im kalten deutschen Winter warme Füße und damit auch sein Ballgefühl zu behalten. Wohl keine schlechte Idee, immerhin gelangen Cacau in 307 Bundesligaspielen 88 Treffer, was ihn auch zum deutschen Nationalstürmer machte. PS: Bei der WM 2018 hatten die deutschen Stürmer offenbar eher Juckpulver oder Salz auf den Füßen.

Ist das Pokal oder kann das weg?

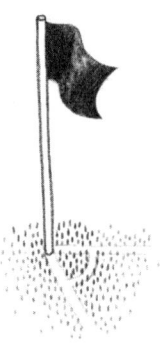

Im April 2011 feierte Real Madrid einen knappen 1:0-Finalsieg im »Copa del Rey« gegen den Dauerrivalen FC Barcelona. Natürlich wurde der Pokalerfolg gebührend zelebriert, inklusive einer Tour durch die spanische Hauptstadt auf einem offenen Bus. Schlecht nur, dass Real-Abwehrchef Sergio Ramos die 15 Kilogramm schwere Trophäe während der Feierlichkeiten vom Bus fallen ließ – und dieser den Pokal überrollte. Nach Angaben des spanischen Radiosenders Cadena Ser mussten mehr als zehn Einzelteile von der Straße aufgesammelt werden. Ramos geht also nicht nur mit seinen Gegenspielen ruppig um ...

Mourínho Undercover

Ende Oktober in Manchester. Am Abend ist in der englischen Fußballstadt Champions League angesagt, United trifft auf Juventus Turin. Das Old Trafford füllt sich bereits mit Fans beider Teams, doch die Gastgeber haben ein Problem: Obwohl das Teamhotel nur rund 850 Meter vom »Theatre of Dreams« entfernt liegt, steht der Bus in einem nicht enden wollenden Stau – über eine Dreiviertelstunde benötigen die Spieler der Reds am Ende vom Hotel bis ins Stadion. Alle, bis auf den Trainer: Denn José Mourinho, von Haus aus eigensinniger Sturkopf, verlässt kurzerhand den Teambus und macht sich zu Fuß auf den Weg ins Stadion. Der Portugiese schlüpft in einen Hoodie, die Kapuze weit ins Gesicht gezogen, und mischt sich unter das Volk, das in Richtung Old Trafford pilgert. »Ich bin inmitten der Fans gelaufen, aber niemand hat mich erkannt«, freute er sich später. Das dürfte an diesem Abend jedoch sein einziger Grund zur Freude gewesen sein: Sein Team verlor die Partie mit 0:1. Schlecht gelaufen für »The Special One« ...

Danke, Hanke!

Da staunte Hans-Jörg Butt nicht schlecht, als er im April 2004 gerade erst fertig war mit seinem Torjubel und kurze Zeit später schon den Ball aus seinem eigenen Netz fischen musste. Der Keeper von Bayer Leverkusen hatte beim Auswärtsspiel auf Schalke mal wieder einen Elfmeter verwandelt und war daraufhin nicht etwa geradewegs in sein Tor zurückgekehrt, sondern hatte sich noch von den Mitspielern feiern lassen. S04-Stürmer Mike Hanke aber hatte genau aufgepasst und die Situation geblickt. Seinem Sturmpartner Ebbe Sand, der nicht im Bilde war, spielte er deshalb, am Anstoßpunkt stehend, einfach den Ball gegen das Schienbein, um dann sofort abziehen zu können. Über die Leverkusener Spieler hinweg, die mitten in ihrer Hälfte noch ihrem Torhüter Butt zujubelten, flog Hankes Schuss bis ins Bayer-Tor. Glück für den Schlussmann: Trotz des kuriosen Gegentreffers gewann Leverkusen in Gelsenkirchen mit 3:2, bis auf den Spott der Kollegen blieb Butts Blackout also folgenlos. Trotzdem eine Szene für die Ewigkeit.

Hoch lebe der Aberglaube

Irgendwie muss es wohl so sein: Fußballprofis sind von Natur aus abergläubische Wesen. Berti Vogts beispielsweise jubelte immer schon vor Spielen, wenn seine Kapitäne die Platzwahl verloren – denn nach Vogts' Ansicht gewann seine Mannschaft danach in der Regel die Partie. Hans-Peter Briegel, Abwehrspieler des 1. FC Kaiserslautern und 72-maliger deutscher Nationalspieler, schoss beim Aufwärmprogramm prinzipiell nur einmal aufs Tor. Holger Aden spielte von 1993 bis 1996 beim VfL Bochum, dort hatte er bei Spielen immer einen Pfennig im rechten Schuh – die Folge: 20 Treffer in 42 Spielen vom in Hamburg geborenen Stürmer. Und Kulttrainer Udo Lattek trug bei Spielen seiner Mannschaften immer gleich zwei Uhren: Auf der linken

Seite seine normale, auf der rechten Seite die Uhr, die er zu seiner ersten Meisterschaft geschenkt bekommen hatte. International geht es noch mystischer zu: Kulttrainer Giovanni Trapattoni hat immer geweihtes Wasser auf der Bank, und der französische Teamchef Raymond Domenech stellte seine Spieler nach deren Sternzeichen auf. Mögen die Ringe des Saturn mit ihm sein.

Der erste Videobeweis

Der Videobeweis wurde in der Fußballbundesliga zur Saison 2017/18 eingeführt. Doch seine – wenn auch fragwürdige und irreguläre – Premiere feierte der »VAR« bereits am 23. Spieltag der Saison 2004/05. In der Partie Bayer 04 Leverkusen gegen den VfB Stuttgart schoss Gästeakteur Jacek Krzynówek aufs Tor von VfB-Keeper Timo Hildebrand, der zur Ecke klären konnte. Schiedsrichter Franz-Xaver Wack aber entschied zunächst zur Verwunderung aller auf Abstoß. Dann aber machte Bayer-Spieler Robson Ponte den Unparteiischen auf die Wiederholungen aufmerksam, die über die Videowand der BayArena abgespielt wurden. Und prompt entschied sich Wack um, es gab Ecke für die Gastgeber. »Tatsachenentscheidungen« sehen anders aus. Der Videobeweis hat sich inzwischen übrigens bis in die Kreisliga durchgesetzt: Im Spiel Mölsbach gegen SG Hochspeyer gab der Schiri ein Tor, nachdem er sich die Szene auf dem Handy eines Zuschauers angeschaut hatte. Er hatte zusätzlich vorher das offizielle Handzeichen gemacht – lustig, dass das in der Kreisliga funktioniert und in der Bundesliga nicht.

Glücksbringer Grönemeyer

Es sollte ein ganz besonderer Tag werden im Oktober 2006 in Bochum. Als der VfL nämlich im heimischen Ruhrstadion auf den SV Werder Bremen traf, kam ausgerechnet Edelfan und Musiklegende Herbert Grönemeyer vorbei, um vor dem Anstoß live auf dem Rasen die Hymne »Bochum« zu singen – die man vor VfL-Heimspielen sonst aus den Lautsprechern hört. Ein gutes Omen sollte es werden, doch Grönemeyer wurde zum Anti-Glücksbringer. Die Bremer fegten den VfL mit 6:0 aus dem eigenen Stadion. Dennoch hat der VfL inzwischen einen neuen Besuch des Musikers angekündigt: Zum Erreichen der historischen Marke von 10 000 Vereinsmitgliedern hat Grönemeyer einen erneuten Kurzauftritt vor einem VfL-Heimspiel versprochen, umgesetzt wurde das Vorhaben noch nicht. Woran das wohl liegt? Höchste Niederlage – wer hatte da noch mal gesungen?

Eier, er hat Eier!

Die Ära von Louis van Gaal beim FC Bayern war eine bewegte. Der Niederländer, von 2009 bis 2011 Coach der Münchner, präsentierte sich mitunter als Mann der denkwürdigen Methoden, auch sein Spitzname »Feierbiest« ist unvergessen. Als er einmal mit der Performance seiner Stars nicht zufrieden war, machte van Gaal den FCB-Spielern klar, dass er jeden von ihnen auswechseln könne – egal, wie er heiße. Garniert wurde die deftige Aussage von einer noch deftigeren Geste: Van Gaal zog die Hose runter und entblößte nach Angaben der Spieler seine Heiligtümer. Und wozu das ganze Theater? Um zu beweisen, dass er auch die Eier dazu habe, seine Drohungen wahr zu machen. Wie man allerdings weiß, hat der FC Bayern ihn und seine Eier später dann in die Pfanne gehauen. Uli Hoeneß ist nicht fürs Rumeiern bekannt.

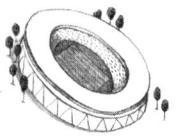

WCs – mit Weitsicht gebaut

Eine herausragende, wenn nicht nobelpreiswürdige Idee hatten die Architekten der Stuttgarter Mercedes-Benz Arena bei deren Umbau zwischen 2009 und 2011. Nachdem das moderne Fußballstadion nämlich fertig war, gab es besonders für männliche Fans ein besonderes Highlight: Auf den Stehklos hatten die Stuttgarter Fenster auf Augenhöhe installiert, die in Richtung Spielfeld zeigten. So verpassten selbst Fans, die ihr kleines Geschäft während der Partie verrichten mussten, keinen Augenblick der Geschehnisse auf dem Platz. Grandios! Noch näher dran beim Wasserlassen waren nur Jens Lehmann, der während eines Spiels hinter die Bande pinkelte, und Douglas de Santos, der einmal direkt auf den Platz strullte.

Doppel-Gelb

Kurioser geht es kaum: Als Szabolcs Huszti, damaliger Mittelfeldspieler von Hannover 96, in der Bundesligasaison 2012/13 den späten 3:2-Siegtreffer gegen den SV Werder Bremen erzielte, stellte ihn Schiedsrichter Deniz Aytekin nur wenige Augenblicke später vom Platz. Was war passiert? Vor lauter Freude hatte Huszti nicht nur sein Trikot ausgezogen, sondern war zum Jubeln auch noch auf den Zaun vor der 96-Kurve gestiegen. Beide »Vergehen« sind laut Statuten mit der Gelben Karte zu ahnden, sodass Aytekin keine andere Wahl blieb, als dem Hannoveraner in einem Abwasch die Ampelkarte zu zeigen. Beim Sieg der 96er blieb es aber trotzdem.

Viel Tinte für Babbel

Als Markus Babbel in der Winterpause der Bundesligasaison 2011/12 bei Hertha BSC Berlin entlassen und nur kurze Zeit später bei der TSG 1899 Hoffenheim als neuer Coach vorgestellt wurde, kamen bei der Pressekonferenz zur Vorstellung des ehemaligen Profis ganz neue Dinge zur Sprache. Denn Babbel erklärte, sich schnellstmöglich das Wappen der TSG auf den Arm tätowieren lassen zu wollen. Schließlich prangten zu diesem Zeitpunkt bereits die Klubembleme seiner vorherigen Arbeitgeber – ob als Spieler oder Trainer – darauf. Und so gesellte sich das Hoffenheimer Logo neben die des FC Bayern, des VfB Stuttgart, des FC Liverpool, des Hamburger SV, der Hertha und seines Jugendvereins TSV

Gilching. Sollte Babbel seiner eigenen Tradition treu geblieben sein, dürften seither noch die Logos des FC Luzern und das von Western Sydney hinzugekommen sein. Babbel kann froh sein, nie bei BSG Kernkraft Greifswald, oder der SPVGG Atzenhausen unter Vertrag gestanden zu haben.

Der Ball und der Bello

Wie tragisch: In der Schweiz ereignete sich bei einem Fußballspiel ein trauriger Unfall, bei dem ein Hund ums Leben kam, so unglaublich es auch klingt. Als der FC Ebikon und der FC Kickers Luzern gegeneinander spielten, suchte sich eine Spielerfrau dabei einen denkbar schlechten Zuschauerplatz: direkt neben dem Tor, den kleinen Hund auf dem Arm. Bei einem Schuss aufs Tor, der knapp danebenging, kam es dann zur Tragödie: Der Hund bekam den Ball ab und starb später an den Folgen des heftigen Aufpralls.

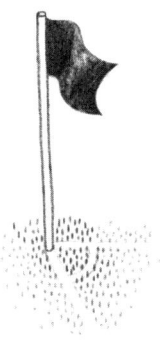

Flitzer, mal anders

Schnelle Männer werden im Fußball immer gebraucht. Ob auch der schnellste Mann der Welt, Usain Bolt, dauerhaft im Fußball Fuß fassen kann, bleibt abzuwarten – Annäherungen seinerseits gibt es ja immer wieder. Ein Schweizer Klub hatte übrigens auch schon einmal die Idee, einen Topsprinter zu integrieren. Der FC Kickers Luzern ließ in den Jahren 1915 bis 1918 den Leichtathletikweltrekordhalter Joseph Imbach für sich spielen.

Wer hat die schlausten Fans?

Im Jahr 2016 analysierte das Karriereportal Xing die Profile von 45 000 Mitgliedern nach Bildung und Lieblingsverein. Demnach hat der SC Freiburg die klügsten Fans. Etwa drei Viertel (73,4 Prozent) der auf dem Portal bekennenden Anhänger der Breisgauer weisen ein erfolgreich abgeschlossenes Studium vor — der SC ist damit vor Werder Bremen (71,7 Prozent) und RB Leipzig (69,5 Prozent) Spitzenreiter dieser Kategorie. Aber wenn es die klügsten Fans gibt, muss es auch die – sagen wir mal – weniger klugen geben. Auf dem drittletzten Platz finden wir die Fans des HSV 63,52 Prozent mit abgeschlossenem Studium, Vorletzter sind die Anhänger von Mainz 05 mit 60,44 Prozent, und die Schlusslichter haben einen Schal des FC Augsburg um den Hals. (54,26 Prozent). Und wer glaubt, Doktoren finden gar nicht den Weg ins Stadion, der irrt. Spitzenreiter bei Fans mit Doktortitel ist Bayer 04 Leverkusen mit 4,04 Prozent, Schlusslicht ist hier mit 0,69 Prozent der VfL Wolfsburg. »Herr Doktor, bring'n Se mir noch ne Wurst und 'n Pils mit ...«

Die Erfindung der Karten

Es war einmal – die Erfindung der Gelben und Roten Karte im Fußball. Und die hat folgende Geschichte zur Grundlage: WM 1966 in Wembley, England spielt gegen Argentinien. Die Partie wird geleitet vom Unparteiischen Rudolf Kreitlein. Während dieses Spiels scheitert der Schiedsrichter daran, den Argentinier Antonio Rattin vom Platz zu stellen. Trotz mehrerer Versuche bleibt dieser einfach auf dem Rasen – acht lange Minuten noch –, bevor er uneinsichtig das Spielfeld verlässt. Ein Chaos. Und welch Horrorszenario für den Mann an der Pfeife, der die Partie jedoch tapfer bis zum Ende (1:0 für England) leitet. Doch dieser Zwischenfall sollte weitreichende Folgen für den Fußball haben. Für Schiri Kreitlein war nun nämlich klar, dass ein Weg gefunden musste, Schiedsrichterentscheidungen so zum Ausdruck bringen, »dass sie jeder Spieler und Zuschauer auf Anhieb versteht«. Kurz darauf erfand Kreitlein gemeinsam mit Schiedsrichter Aston die Gelben und Roten Karten, die eine Verwarnung bzw. den Platzverweis für jeden offensichtlich machten.

Nulpen aus Amsterdam

Einige holländische Fans hinterließen bei der WM 1974 in Deutschland nicht gerade den besten Eindruck: Nach der Partie Holland gegen Brasilien in Dortmund schaffte es eine Gruppe zunächst nicht, den Bus zu erreichen und musste die Nacht in einer Sporthalle verbringen. Anderen Niederländern fehlte das Kleingeld für die Heimreise, die Behörden mussten eingeschaltet werden. Doch ein Fan schoss den Vogel ab: Obwohl seine Freundin sich während des Spiels verletzte und in ein Spital gebracht wurde, blieb er einfach im Stadion und feuerte die Holländer zum Sieg an. Als er sie anschließend besuchen wollte, kam er leider nicht mehr auf den Namen der Klinik. Doch auch ihm konnte geholfen werden, die Polizei organisierte das Wiedersehen der beiden.

Sehr harte Bälle

»Can U Kick It?« Diese geschriebene Frage stellte während der WM 2006 eine Künstlergruppe in Berlin allen Passanten, die an ihren Kunstwerken vorbeikamen. Bei den Kunstwerken handelte es sich übrigens um 16 Fußbälle, die an öffentlichen Plätzen an Wänden angebracht waren oder auf dem Boden lagen. Und vielleicht sei noch dazu erwähnt, dass diese Bälle mit Beton (!) gefüllt waren. Es kam, wie es kommen musste: Zwei junge Männer interpretierten die Frage auf dem Schild als Aufforderung und zogen sich dabei heftige Knöchelverletzungen zu. Der Fall beschäftigte in Nachhinein die Gerichte. Definitiv kein Sommermärchen.

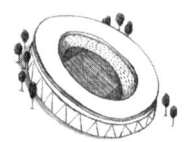

Ernst Happel I: Die Bibliothek

Eine Geschichte vom schönen Schein. Und von Bildung. Bekanntermaßen machte der legendäre österreichische Trainer ab 1981 auch Station beim HSV in Hamburg. Dort soll sich in einer Buchhandlung eine lustige Anekdote abgespielt haben. Angeblich sagte Happel nach längerem Bummel durch den Laden zur Verkäuferin: »Gebens mir 'n halben Meter von die grünen und 'n halben von die roten Büchern. Ich muss meine Wohnung einrichten.«

Ernst Happel II: Die Mitspieler

Happel war nicht nur begnadeter Trainer, sondern bereits als Spieler ein Teufelskerl. Auch als Nationalspieler. Und auch verbal. Als sich Österreichs Nationalmannschaft im Trainingslager in Tirol für die WM in der Schweiz fit machte, kam es zu einem Trainingsspiel gegen eine Auswahl aus der Tiroler Region. Leichtes Spiel für die Profis, irgendwann steht es 14:0. Doch plötzlich stürmt Happel nicht mehr Richtung gegnerisches Tor, sondern verwirrt seinen Mannschaftkollegen Walter Zeman im eigenen Tor mit einem Schuss auf dessen Kasten. Eigentor. Neuer Spielstand: 14:1. Happel fragt den Keeper: »Was willst du sein? Der Panther von Glasgow? Der Tiger von Budapest? Des Oaschloch von Hütteldorf bist!« Hintergrund: Torwart Zeman war zuvor nach tollen Paraden gegen die damaligen Topteams Schottland und Ungarn medial mit diesen tierischen Spitznamen versehen worden.

Ríbéry: So là là

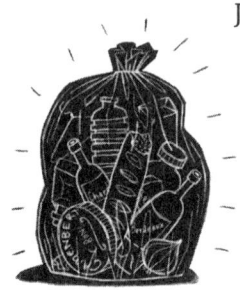

Ja, das Leben als Fußballprofi ist hart und anstrengend, besonders wenn man Franck Ribéry heißt und einer der Superstars des deutschen Rekordmeisters FC Bayern München war. Der französische Flügelflitzer war besonders von einer typischen Eigenart der Deutschen überfordert: der korrekten Mülltrennung. Nachbarn des Mittelfeldspielers hatten sich beschwert, dass dieser seinen Müll in einem Münchner Nobelviertel immer nur in den Säcken vor die Tür gestellt hatte. Sein Arbeitgeber zögerte nicht lange und verpasste Ribéry kurzerhand einen eigenen Müllbeauftragten. Aus Insiderkreisen hieß es, ein Mitarbeiter des FCB wäre von nun an regelmäßig bei dem Franzosen vorbeigefahren und hätte seinen Müll eingesammelt. Wie praktisch!

Ernst Happel III: Der Lattenknaller

Auch in den Niederlanden war Ernst Happel als Trainer tätig, genauer gesagt beim damaligen Abstiegskandidaten ADO Den Haag, den er dann wieder in die Spur führte. Und an diesen Trainer werden sich einige Spieler sicher noch heute erinnern: Während einer Trainingseinheit soll Happel eine Getränkedose vor dem Tor positioniert haben. Ziel der Übung war natürlich, die Dose mit dem Ball zu treffen.

Und das mit nettem Anreiz: Wer trifft, darf Feierabend machen! Angeblich begann Happel selbst mit dem Zielschießen – und räumte die Dose gleich mit dem ersten Schuss ab. Den Spielern gelang dieses Kunststück leider nicht. Es wurde also brav weiter trainiert.

Chrístíano Ronaldo íst galaktísch

Als eine Gruppe portugiesischer Forscher eine neue Galaxie entdeckte, taufte sie diese auf den Namen »Cosmos Redshift 7«, in Kurzform »CR7«. Und dieses Kürzel kennt man ja bestens von Christiano Ronaldo, der ebenfalls Portugiese ist. Die Wissenschaftler der Uni Lissabon bestätigten, dass sie mit dieser Geste den berühmten Fußballer ehren wollten.

Hässlích kíckt gut

Hässliche Menschen sind bessere Fußballer? Eine gewagte These. Doch die gibt es, und sie ist sogar das Ergebnis einer empirischen Studie. Ulrich Rosar ist Professor der Soziologie und hat »Physische Attraktivität und individuelles Leistungsverhalten« wissenschaftlich untersucht. 2012 verglich er dabei die Optik und die Performance von 483 Bundesligaprofis und griff dafür auf alle verfügbaren spielrelevanten Daten zurück. Zur Begründung seiner These sagte der Professor: »Wer gut aussieht, muss nicht so viel tun, um positiv wahrgenommen zu werden.« Schlussfolgernd würden sich attraktivere Menschen auch nicht so sehr anstrengen wie Hässliche. Alles klar. Wer je Leistungsträger in seiner Mannschaft war, sollte sich nun also vielleicht einen Termin beim Schönheitschirurgien geben lassen ...

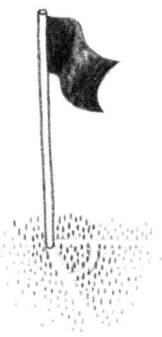

Raucher in Seenot

Sepp Herberger war ein strenger Trainer und hatte während der WM 1954 den Spielern das Rauchen verboten. Wer von ihnen im Mannschaftsquartier im Schweizer Ort Thun trotzdem qualmen wollte, hatte quasi nur eine Chance: mit dem Boot raus auf den See. An einem Tag, als die Raucher mal wieder mitten auf dem Thuner See unterwegs sind, geht Torwart Heinz Kwiatkowski über Bord – und strampelt wie verrückt im Wasser. Zunächst amüsieren sich die anderen Nationalspieler über das Bild, doch dann bemerkt Ottmar Walter zum Glück, dass der »Heini« tatsächlich nicht schwimmen kann. In letzter Sekunde ziehen die Spieler den Dortmunder ins rettende Boot. Daran sieht man mal wieder: Rauchen ist lebensgefährlich!

Telegramm auf Abwegen

Trainer-Legende Rudi Gutendorf verpasste die WM 1982 wegen eines kriminellen Postboten: Ursprünglich hatte Gutendorf ein Angebot als Trainer von Kamerun, er sollte das Nationalteam bei der WM in Spanien coachen. Zum Zeitpunkt der Kameruner Offerte trainiert Gutendorf zwar noch das Nationalteam von Tansania, aber die WM ist eine Megachance. Also beendet er seine Tätigkeit dort und regelt alles mit der FIFA. Dann schickt er ein Telegramm an den Verband in Kamerun mit der frohen Botschaft, dass er den Job übernimmt. Doch am Ende heuerte der Verband den Franzosen Jean Vincent als Trainer an. Gutendorfs Telegramm hatte den Verband nämlich nie erreicht. Grund: Der Postbeamte, dem Gutendorf das Telegramm diktiert hatte, steckte sich die 84 Dollar Gebühr kurzerhand in die eigene Tasche, anstatt das Telegramm abzuschicken.

Schiedsrichter mit Dachschaden

Der Mann hat Humor! Während der WM 1982 kam es zu einer Kollision auf dem Platz. Feldspieler Perus überrannte dabei förmlich den Schiedsrichter Walter Eschweiler (hauptberuflich im diplomatischen Dienst tätig), der durch diesen Wirkungstreffer zu Boden ging. Doch der Unparteiische rappelt sich kurze Zeit später wieder auf und leitet das Spiel weiter. »Eine deutsche Eiche wankt, aber sie fällt nicht«, sagte Eschweiler hinterher. In der Halbzeitpause ruft besorgt sein Chef an: Der damalige Außenminister Hans-Dietrich Genscher erkundigt sich nach Eschweilers Gesundheitszustand. Dieser antwortet dem Politiker mit einem Mutterwitz: »Lieber Herr Minister, außer dem angeborenen Dachschaden liegt keine nennenswerte Beschädigung vor.«

Geíle Líga

Sex hat auf dem Fußballplatz nichts verloren, selbst wenn er nur angedeutet ist. Beim Spiel FC Viktoria Peterzell gegen den FC Mönchweiler gelingt es Peterzells Stürmer Kevin H. in der 72. und 75. Minute, trotz Unterzahl für seinen Klub zu treffen und somit das Spiel für die Peterzeller zu entscheiden. Riesenjubel – und Kevin H. ist natürlich im siebten Himmel. Doch es scheinen nicht nur Glückshormone in die Blutbahn des Stürmers zu gelangen, sondern eventuell auch Botenstoffe, die für das Thema Sex zuständig sind: Sein – sagen wir mal unorthodoxer – Jubel liest sich im Spielberichtsbogen des Schiedsrichters später so: »In der 75. Spielminute ereignete sich folgender Sachverhalt: Der Spieler H. ließ sich, unmittelbar nachdem er das Tor zum 3:1 erzielt hat, im Torraum des FC Mönchweiler zu einer obszönen Geste verleiten. Er drehte sich in Richtung der Zuschauer, fasste sich in den Schritt und tat so, als würde er onanieren. Ich hatte freie Sicht auf den Spieler und verwies ihn mit der Roten Karte des Feldes. Spielfortsetzung: Anstoß für FC Mönchweiler.«

Fußball Entwicklungshelfer
Burkhard Pape

Burkhard Pape ist ein Fußballweltenbummler. Seine Trainerzeit in Uganda zwischen 1968 bis 1974 wird er ganz bestimmt nicht vergessen – mit diesem Team gelangen ihm viele Erfolge. In dieser Ära gewann man gemeinsam die Ostafrikameisterschaft, spielte 1:1 gegen die übermächtigen Brasilianer und war 1974 zu WM-Teilnehmer im weit entfernten Deutschland. Diese Reise stellte Pape vor besondere Herausforderungen, nämlich die Spieler auf das fremde Deutschland einstellen. »Ich habe meine Spieler zwei, drei Wochen lang auf alles vorbereitet. Zum Beispiel Ampeln, das kannten sie ja nicht. Ich habe gesagt, wenn einer wegen euch bremsen muss und es geht was kaputt, nur ein Licht, das kostet hundert Mark«, sagte er später. Aber trotz aller Weitsicht gelang es ihm nicht, seine Schützlinge auf alle lauernde Gefahren vorzubereiten: »Die Rolltreppen hatte ich vergessen. Da waren wir im Kaufhaus: Und – schwupp – lagen schon zwei da.«

Selbstkritischer Balotelli

Jeder Profifußballer hat ein gesundes Ego, manche haben ein großes Ego – und es gibt Spieler wie den ehemaligen italienischen Nationalspieler Mario Balotelli! Zitat: »Ich bin intelligenter als die Norm, nur ich kann es nicht beweisen. Ich bin nicht verrückt, ich mache nur manchmal seltsame Dinge.« Ein Beispiel, das dies verdeutlicht: Einmal fuhr er mit dem Auto seines Beraters erst gegen eine Steinmauer. Danach soll er das Gefährt sogar in einem Gewässer versenkt haben! Ja, er macht in der Tat seltsame Dinge, manchmal.

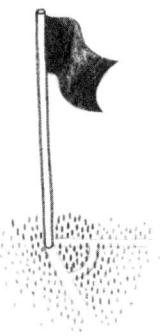

Zlatan unser

Der schwedische Nationalspieler Zlatan Ibrahimovic ist für sein Monsterego bekannt – und für seine großartigen Sprüche. So sagte er zu seinem damaligen Trainer Carlo Ancelotti, der angespannt vor dem Spiel in Richtung Platz unterwegs war: »Glaubst du an Jesus?« Die Antwort lautete natürlich ja. »Sehr gut, dann glaubst du auch an mich. Du kannst dich jetzt entspannen.«

Zlatan, spontan

Die Schlagfertigkeit von Zlatan Ibrahimovic ist legendär. Ein Medienvertreter erkundigte sich bei ihm, warum er auf einmal Kratzer im Gesicht habe. Zlatans Antwort: »Fragen Sie mal Ihre Frau.«

Der unbekannte Trapattoní

Giovanni Trapattoni findet gelegentlich Worte, die für die Ewigkeit sind. Unvergessen natürlich sein »Ich habe fertig«-Wutausbruch bei den Bayern. Doch Trapattoni hatte auch zuvor schon emotionale Momente, in denen er sich in Rage redete. So auch 2008, als er Trainer bei RB Salzburg war. Auf die Kritik, er und seine Übungsmethoden seien veraltet und seine Taktik sei feige, stellte der Italiener verbal auf Attacke um und giftete in Richtung der Journalisten: »Wörter sind sehr einfach. Wer kann machen, machen. Wer kann nicht machen, sprechen. Wer kann nicht sprechen, der schreiben.«

Rot für Doofheít

Das nennt man kontraproduktiv: In einem Ligaspiel in der Ukraine zwischen Dnepr Dnepropetrovsk und Karpaty Lwiw nimmt der Trainer von Dnepr nach einer guten Stunde Spielzeit und beim Stand von 2:0 den Spieler Samuel Inkoom vorsichtshalber vom Platz. Eine weise Entscheidung, denn Inkoom hatte bereits Gelb gesehen und soll vor Rot geschützt werden. Doch statt zügig und unauffällig Richtung Bank zu gehen, hat Inkoom es gar nicht eilig – und entledigt sich beim Verlassen des Platzes auch noch seines Leiberls. Ein folgenschwerer Fehler. Denn der kleinliche Schiri zeigt ihm Gelb-Rot, schließlich wird das Ausziehen des Trikots auf dem Platz mit Gelb geahndet. Dnepr-Coach Juande Ramos ist statt auf den Schiri aber auf seinen Spieler sauer: »Ein unverzeihlicher Fehler, der einem Profi nicht passieren darf.« Da hat er recht.

Letzte (Un-) Ruhe

Manchmal fragt man sich, wie weit Fanliebe gehen sollte: In Kolumbien brachten Supporter von Deportivo Cucuta es fertig, einen ganzen Sarg samt Leiche mit ins Stadion zu schmuggeln. Hintergrund: Der Tote war ein erst 17-Jähriger, den man auf einer Wiese beim Kicken erschossen hatte – und der glühender Anhänger des Vereins gewesen war.

Play it loud like Boateng

Wenn er trainiert, mag es Jérôme Boateng gern laut, richtig laut! Der Verteidiger des FC Bayern musste nach einem Muskelbündelriss vor der WM 2018 während des Trainingslagers in einem improvisierten Fitnessstudio Extraschichten schieben. Dieses Fitnessstudio war in einem Zelt untergebracht und scheinbar mit einem ultra Soundsystem ausgestattet. Denn wenn Boateng trainierte, hörte man das bereits aus einigen Hundert Metern Entfernung. In seiner Playlist: vor allem Hip-Hop aus den USA. Journalisten konnten mit der App Shazam sogar von außerhalb des Trainingsgeländes Boatengs Lieblingslieder erkennen.

Volltreffer Thomas Müller

Am Ende des Medientages der Nationalelf während der WM 2018 kollidierte der Stürmer mit dem Kameramann eines TV-Senders und bekam ein Kamerastativ ins Gesicht, das sein Auge nur knapp verfehlte. Doch anstatt zu motzen, hatte Müller wie immer einen passenden Spruch auf Lager. »Ich hoffe, du bist gut versichert!«, rief er grinsend dem erschrockenen Kameramann zu.

Sforza gegen König Otto

Otto Rehhagels größter Erfolg in der Bundesliga: die Meisterschaft mit Aufsteiger 1. FC Kaiserslautern 1998. Der Betzenberg lag ihm zu Füßen. Der ganze Betzenberg? Nein, denn ausgerechnet FCK-Kapitän Ciriaco Sforza war mit König Ottos Methoden unzufrieden. Zitat des Schweizers: »Ich spiele für den FCK und nicht für den FC Rehhagel.« Rehhagel ging das natürlich mächtig gegen den Strich, lautete sein Motto doch: »Hier kann jeder sagen, was ich will.« Demokratie à la König Otto.

Wiese is back

An den 1. April 2017 werden sich die Anhänger des SSV Dillingen noch sehr lange erinnern: Niemand anderes als Ex-Nationalkeeper Tim Wiese stand im Kasten der Kreisligisten. Entsprechend groß war natürlich das Interesse von Fans und Medien. Dass Dillingen am Ende mit 1:2 verlor, war für Wiese zwar ärgerlich, aber ihm ging es bei der Aktion nicht ausschließlich um den Sieg. »Der Amateurfußball rückt aufgrund des Profisports immer weiter in den Hintergrund. Ich bin froh, dass ich etwas dazu beitragen konnte, dem Amateurfußball heute eine so große Aufmerksamkeit zu verleihen. Die Kulisse mit den vielen Zuschauern war super und das Spiel für die Mannschaft, für den Verein und natürlich auch den Gegner ein absolutes Highlight«, so Wieses Statement.

36 Rote Karten.
In einem Spiel. Weltrekord!

Ein Mann sieht Rot, oder besser gesagt: Alle Männer sehen Rot! Und das kam so. In der extrem hart geführten Begegnung zwischen zwischen Claypole und Victoriano Arenas (Argentinien, fünfte Liga) kommt es gegen Ende zu einer Massenschlägerei auf dem Platz. Keine leichte Situation für Schiedsrichter Damian Rubino. Zunächst versucht er, mit einigen Roten Karten für etwas Ruhe zu sorgen. Das nutzt aber nichts, denn inzwischen prügeln sich auch Trainer, Betreuer und sogar Fans. Am Ende kommt es zu einem regelrechten Rote-Karten-»Inferno«: Der Unparteiische verweist alle Beteiligten des Feldes, alle Spieler und auch die Einwechselspieler und Coaches. Macht 36 Mal Rot. Weltrekord!

Kein Training ist auch keine Lösung

Ohne Fleiß keinen Preis, ohne Training kein Sieg. So erging es den Spielern von Lions Flo Soccer (Liga: 1. Klasse Mitte Österreich). Gleich zu Beginn der Rückrunde im Jahr 2016 kassierten sie gegen Union Pucking eine herbe 17:0-Niederlage. Randnotiz: Ihr Cheftrainer Raimund Ferlitz erlebte die Klatsche nicht mit, der feine Herr war nämlich noch im Skiurlaub. So suchte der Platzwart Hoffelner für die Presse nach einer Erklärung: »Wir hatten zwölf Abgänge, haben eine halbe Wirtshaustruppe – die aber tapfer gespielt hat«.

Torwart: bester Mann!

Wir schreiben das Jahr 2016. In der Kreisliga C begegnen sich SV Vonderort II (aus Bottrop) und der Polizeisportverein Oberhausen. Die Partie endet recht eindeutig: 0:43 werden die Bottroper vom Platz gefegt. Umso überraschender, dass der Keeper vom unterlegenen Vonderort hinterher zum besten Mann seines Teams erklärt wird. Der Geschäftsführer der Hobbytruppe ließ nach dem Spiel in einem Interview mit der BILD-Zeitung verlauten: »Wir hatten überhaupt nur elf Spieler zusammenbekommen, haben mit Spielern der Altherrenmannschaft aufgefüllt. Der Älteste war 55. In der ersten Hälfte schieden dann noch drei mit Zerrungen aus. Zur Halbzeit stand es schon 20:0 – und unser Torwart war noch unser bester Mann.« Dabei waren die Gastgeber sogar noch fair, sie nahmen freiwillig selbst drei ihrer Kicker runter – was den Bottropern aber auch nichts nutzte.

Man muss die Feste feiern …

Es gibt einfach äußere Einflüsse, die ein Fußballspiel negativ beeinflussen können. Grippewellen, Wirbelstürme oder Volksfeste. Ja richtig gelesen: Volksfeste. Favorit SV Neuringe verlor sein Spiel gegen den TuS Haren mit 0:1. Neuringes Betreuer Matthias B. hatte eine logische Erklärung für die unerwartete Niederlage: «Wir hatten hier drei Tage Schützenfest. Was willst du da machen?»

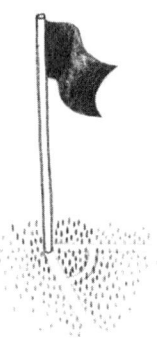

Lange Anfahrt

Was waren das für Zeiten …! Für die erste Fußballweltmeisterschaft 1930 in Uruguay brauchten die Teams sich nicht zu qualifizieren. Alle Mannschaften, die Interesse hatten, konnten theoretisch dabei sein. Allerdings muss man wissen, dass die Anreise (besonders aus Europa) zu dieser Zeit mit gewissen Kosten und Mühen für die nationalen Verbände verbunden war. Am Ende liefen gerade einmal vier europäische Nationalmannschaften in Montevideo auf: die von Rumänien, Belgien, Frankreich und Jugoslawien.

Gute Reflexe, schlechte Reflexe

Wer denkt, dass Franck Ribéry oder Marco Reus die Spieler mit dem schlimmsten Verletzungspech sind, kennt Santiago Cañizares nicht. Eine Unglücksgeschichte des spanischen Nationalkeepers sprengt fast die menschliche Vorstellungskraft. Eines Abends machte er sich gerade im Bad für das Abendessen mit der Mannschaft zurecht, als ihm die Aftershaveflasche aus der Hand fiel. Ganz Torwart versuchte er mit dem Fuß zu verhindern, dass die Flasche auf dem Badezimmerboden aufschlug. Guter Reflex, ganz schlechte Idee. Die Flasche ging zu Bruch, und eine Glasscherbe verursachte eine Sehnenverletzung im Fuß. So »platzte« auch sein Traum von der WM-Teilnahme 2002.

Die Bälle müssen ins Körbchen

Fußball-WMs sorgen mitunter für bizarre Fanartikel. Zum Beispiel den »Hattrick-BH«. Kein Scherz: Zur WM 2002 erschuf eine japanischer Unterwäschefirma einen Büstenhalter, dessen Körbchen mit einer Art Netzstoff in Toroptik versehen war. Kostenpunkt: 145 Euro.

1 + 8 = 9

Es war der Sommer 1997, Ronaldo (»R9« der Brasilianer, nicht »CR7« der Portugiese) hatte gerade eine erfolgreiche Saison beim FC Barcelona hinter sich. Der Mann, der einige Jahre später die brasilianische Nationalelf gegen Deutschland zum WM-Titel schießen sollte, entschied sich für einen Wechsel nach Italien zu Inter Mailand. Als Superstar und waschechter Stürmer trug Ronaldo natürlich die Rückennummer 9. Blöd nur, dass bei Inter bereits Iván Zamora das begehrte Trikot trug. Der Chilene zeigte sich verständlicherweise alles andere als begeistert, nach langen Diskussionen bekam er dann eine ganz spezielle Rückennummer: Die 1+8! Der zweimalige Weltfußballer Ronaldo bestätigte durch Topleistungen die Wahl der Offiziellen, in 47 Pflichtspielen seiner ersten Saison in Mailand traf er 34-mal. Zamora brachte es in 20 Partien nur auf drei Treffer.

Höchststrafe: Im Dress des Gegners

Ein »Trikot-Vergehen« der außergewöhnlichen Art ergab sich im Jahr 1998. Kurz vor dem Beginn der Schalke-Auswärtspartie beim Karlsruher SC befand Schiedsrichter Herbert Fandel, dass sich die blau-weißen Trikots der beiden

Mannschaften farblich zu sehr ähneln. Und nun? Nach Abwägung aller Optionen – offenbar fand er keine bessere Lösung – ordnete der Unparteiische an, dass Schalke in den Ausweichtrikots der Karlsruher auflaufen musste, samt deren Sponsorenaufdruck. Im Dress des Gegners spielen? Schalke war geschockt. Dementsprechend machte Schalke-Manager Rudi Assauer vor den Pressemikrofonen seinem Ärger Luft: »Das ist eine Lachnummer, eine Frechheit. Wenn unser Sponsor Schadensersatzklage erhebt, werden wir die an den DFB oder Herrn Fandel weiterleiten.«

Abstiegskandidat: FC Bayern?

An gerade einmal zwei Bundesligaspieltagen stand der FC Bayern bisher auf einem Abstiegsplatz. Ein einziges Mal war man sogar Tabellenletzter, so geschehen am ersten Spieltag der Bundesligasaison 1974/1975 nach einer 0:6 Niederlage gegen die Kickers Offenbach. Ganz anders hält es da der bayrische Rivale, der 1. FC Nürnberg: Stolze 188 Mal stand der Klub auf einem Abstiegsplatz. Na gut, der FC Bayern hat nun mal mehr Geld und die besseren Spieler, aber auch bei den Bayern schlug nicht jeder Neuzugang ein. Immerhin 30 Spieler absolvierten nur ein einziges Spiel im roten Dress. Einsamer Spitzenreiter in dieser deprimierenden Statistik ist der Däne Allan Nielsen, der am 25. Mai 1991 exakt sechs Minuten gegen Hertha BSC Berlin mitkicken durfte. Eingewechselt beim Stand von 7:3.

Freibad-Toni

Der Brasilianer Ailton war für manch lustige Eskapade gut. Unvergesslich auch diese Anekdote aus der Saison 2004/2005, in der Ailton bei Schalke unter Vertrag stand: Beim Spiel gegen Leverkusen hatte Ailton bis kurz vor Schluss nur auf der Reservebank gesessen, als der damalige Coach Ralf Rangnick ihn und einige Mitspieler zum Aufwärmen aufforderte. Doch anstelle von Gymnastikübungen machte es sich der Brasilianer auf den Rasen neben dem Spielfeld gemütlich. Ganz im Stile eines Strandurlaubers. »Vom Spielverlauf hätte ich ihn bringen können, aber es macht keinen Sinn, einen Spieler zu bringen, der wie im Freibad auf dem Boden hockt«, sagte Rangnick später. Der Begriff »Freibad-Toni« war geboren. Nicht sein einziger Fauxpas in dieser Spielzeit. In der Winterpause verletzte er sich beim Rodeoreiten in seiner Heimat die Hand.

Teures Taxi

Apropos Ailton: Der Paradiesvogel der Liga hatte auch ein Problem mit Pünktlichkeit. Und wenn er in den Heimaturlaub nach Brasilien fuhr, konnte sich sein Verein sicher sein, dass er deutlich zu spät zurückkam. In der Spielzeit 2002/2003, in der er bei Werder Bremen war, sollte dieses Vorurteil wieder einmal bestätigt werden. Die Mannschaft fuhr ins Trainingslager nach Norderney. Die ganze Mannschaft? Nein, denn natürlich fehlte Ailton! Und der verpasste die Abfahrt nicht um Minuten, nicht um Stunden, sondern um ein paar Tage. Was machen? Mit der Bahn hinterher? Das wäre nicht Ailton-Style! Mit dem Auto? Auch nicht Ailton-Style! Also rein ins Taxi und der Mannschaft hinterhergefahren! Ob das denn nicht teuer war, wurde er später gefragt. Ailtons Antwort: »Keine Ahnung, ich habe noch nicht bezahlt.« Die Fahrt sollte ihn dann aber noch teuer zu stehen kommen – eine ordentliche Zahlung in die Mannschaftskasse wurde fällig.

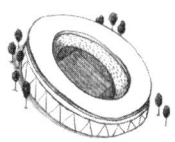

Jancker, du bist der schönste Mann

Die Europameisterschaft in Belgien und den Niederlanden 2000 kann man aus deutscher Warte in sportlicher Hinsicht getrost vergessen. Die Mannschaft schoss nur ein Tor, und nach der Vorrunde war Schluss. Aber ein Spieler konnte trotzdem einen Titel gewinnen, denn während der EM ließ Antenne Bayern über den attraktivsten deutschen Spieler abstimmen. Über 34 000 stimmten ab, und Sieger wurde zur großen Überraschung vieler: Carsten Jancker. Der durchschnittlich hübsche Glatzkopf konnte sogar noch einen zweiten Titel erringen. Die niederländische Zeitung Algemeen Dagblad kürte die schlechteste Elf des Turniers, Carsten Jancker war wieder mit dabei. Die Begründung für die Nominierung: »Er ist noch schlechter als Bierhoff. Und das will was heißen.«

The Number of 69

Früher standen Spieler mit den Nummern 1 bis 11 auf dem Platz, inzwischen hat jeder seine eigene Rückennummer, und die werden immer höher. Der Torhüter von Porto, Vitor Baia, trug als Erster in einem Europapokalfinale die Nummer 99. Einen Schritt weiter ging Guadalajaras Adolfo Bautista in Mexiko, der mit der 100 auflief, allerdings nur bei Ligaspielen, denn die Fifa erlaubt bei internationalen Spielen lediglich zwei Ziffern. Zahlengläubig war auch Münchens linker Verteidiger Bixente Lizarazu. Er spielte mit der Nummer 69 auf seinem Rücken. Der Grund: Lizarazu wurde 1969 geboren, er ist 169 Zentimeter groß und hatte ein Kampfgewicht von 69 Kilogramm. Passt.

Petrí Heíl, Paul

Englands Exstar Paul Gascoigne war – sagen wir es mal vorsichtig – durchgeknallt. Um ihn ruhig zu halten, musste man sich etwas einfallen lassen. Und das tat das Trainerteam der englischen Nationalmannschaft bei der Europameisterschaft 1996. Assistenzcoach Bryan Robson schenkte »Gazza« eine Angel. Kein Witz. »Er war nur relaxed, wenn er Fische angelte. Gazza tat vor den Spielen dann so, als würde er im Entmüdungsbecken des Wembley-Stadions fischen. Dadurch war er entspannter«, verriet sein Exmitspieler Gareth Southgate bei FA TV. Nutzte aber nix, Deutschland wurde durch ein Golden Goal von Oliver Bierhoff gegen Tschechien Europameister.

Jackpot!

Was ist besser: Einen WM-Titel zu holen – oder für den Rest seines Lebens nie wieder Steuern zahlen zu müssen? Schwierige Entscheidung. Die Nationalspieler Brasiliens kamen nach der Weltmeisterschaft 1970 in den Genuss gleich beider Hochgefühle. Nach ihrem Titelgewinn befreite der Staat die ruhmreichen Kicker von der Steuerpflicht. Hauptgewinn!

Die Angst des Schützen
vor dem Elfmeter

52! In Worten: Zweiundfünfzig! So viele Elfmeter benötigte es im Juni 2016 im Duell der beiden tschechischen Fünftligisten SK Batov 1930 und dem FC Frystak, bis ein Sieger im Pokalspiel feststand. Hatte es nach 90 Minuten schon 3:3 gestanden, ging es nach torloser Verlängerung ins Elfmeterschießen. Und da lief es für beide Teams mal so richtig rund. Oder auch nicht, aber eben immer im Gleichschritt. Am Ende sicherte sich Batov mit einem 22:21-Sieg das Weiterkommen, dreimal hatte der Gegner zuvor bereits Matchbälle vergeben. Frystaks Vorsitzenden Vratislav Rudolf ärgerte die späte Niederlage nach einem Fehlschuss von seinem Schützling Jan Hrebacka nicht: Er wollte bereits nach dem 20. Schuss das Stadion verlassen, weil er daheim bei einer Grillparty erwartet wurde.

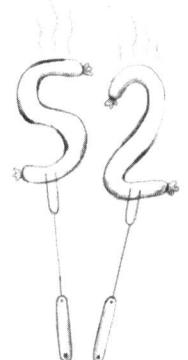

Verstehen Sie das ruhig
als Drohung

Zu DDR-Zeiten kontrollierte der Staat alles. Auch den Fußball. Besonders ungemütlich wurde es immer, wenn es gegen den BFC Dynamo Berlin, den Klub von Stasichef Erich Mielke ging. Vor einem Spiel marschierte Mielke persönlich in die Kabine von Schiedsrichter Bernd Heynemann und sagte wenig doppeldeutig: »Willkommen in der Hauptstadt der DDR. Der BFC als Fußballmeister begrüßt auch die Schiedsrichter und freut sich auf eine qualitätsvolle Spielleitung.« Keine Rückfragen nötig. Überraschenderweise wurde der BFC Dynamo von 1979 bis 1988 zehnmal in Folge Meister!

Ein wirklich beinharter Typ

Es ging hoch her im Viertelfinale um den Europapokal der Landesmeister 1965. Der 1. FC Köln und der FC Liverpool traten gegeneinander an. Spielstätte war Rotterdam, denn Hin- und Rückspiel waren torlos unentschieden ausgegangen. An diesem 24. März sollte Kölns Abwehrspieler Wolfgang Weber zur Legende werden. Weber – Spitzname: »Bulle Weber« – war niemand, der sich oder den Gegner schonte. Nach einem unglücklichen Zusammenprall kämpfte sich Weber unter Schmerzen bis in die Halbzeitpause, Aus- und Einwechselungen gab es damals noch nicht. Beim medizinischen Check in der Kabine sollte festgestellt werden, ob Weber sich ernsthaft verletzt hatte. Der Arzt ließ Weber einige Male von der Bank auf den Boden springen. Sein Bein schmerzte zwar unglaublich, aber letztlich gab der Doc sein Okay. Weber spielte unter unfassbaren Schmerzen weiter, musste sich mehrfach hinlegen, aber Aufgeben war keine Option. Das Spiel endete 2:2. Wie damals üblich, musste eine Münze über den Sieger entscheiden, England gewann. Tragisch für Köln. Und Bulle Weber? Erst im Krankenhaus konnte sein Bein richtig untersucht werden. Diagnose: Weber hatte die ganze Zeit mit einem gebrochenen Wadenbein gespielt.

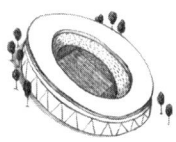

Übel Reisen

An das Wintertrainingslager der ersten A-Jugend von Borussia Münster in der Nähe von Barcelona im Jahr 1989 erinnern sich noch alle Beteiligten ganz genau. Der Grund war Rechtsverteidiger Michael T. Dieser fiel nicht durch sonderlich gute Leistungen auf, sondern schon vor der Abfahrt des Busses durch eine grün-graue Gesichtsfarbe, die darauf schließen ließ, dass er am Abend vorher ordentlich Abschied gefeiert hatte. War er auf dem Platz einer der schnellsten, schaffte er es im Bus leider nicht schnell genug auf die Toilette, sodass er noch vor der Autobahnauffahrt im Bus mitten in den Gang göbelte. Der Geruch war, nun, speziell – und noch 1600 Kilometer Fahrt vor dem Bug. Mitreisende berichten, dass die Flecken im Busteppich etwa alle 100 Kilometer Farbe und Geruch wechselten. An Schlaf war nicht zu denken, bis jemand die rettende Idee hatte: Erdnussflips – in die Nase gesteckt wie Ohropax – gaben sie einem zwar im Schlaf das Gefühl, in einem Meer aus Flips zu schwimmen, aber immer noch besser, als Kotze zu riechen.

Unverschämte
Kabínen(an)sprache

Wir schreiben das Jahr 1990, freudiger Trubel in der Kabine von Borussia Münster nach dem Sieg über Westfalia Kinderhaus. Linksaußen Stefan macht sich auf den Weg zur Dusche, als von hinten der zweite Torwart Deetze seine imposante Stimme erhebt: »Hey, Stefan, hätte ich fast vergessen ...« Die ganze Mannschaft schaut erwartungsvoll. »Du kannst deiner Mutter sagen, sie braucht nicht mehr bei uns zu putzen ...« Totenstille in der Kabine. »Wir haben jetzt eine, die nicht klaut und stinkt!« Die anschließende Rauferei sorgte für mehr blaue Flecken als der Rest der Saison.

Víer gewínnt

Die vier Brüder der Familie Phạm hielten zusammen wie Pech und Schwefel. Der Jüngste war gerade mal zwölf, der Älteste 17 Jahre alt. Ihre Eltern waren aus Vietnam geflüchtet, die Jungs komplett in Deutschland angekommen. Fußball war ihr Lieblingssport, aber nicht das einzige Hobby, sodass es ihnen zu anstrengend war, ein fester Teil einer Mannschaft zu sein. Die Lösung war so einfach wie genial: Sie teilen sich einen Spielerausweis! Die Schiris konnten sie nicht auseinanderhalten, auf Nachfragen antworteten sie einfach auf holprigem Vietnamesisch. So spielte derjenige in der B-Jugend, der gerade Lust hatte, egal, ob zu alt oder zu jung. Das fiel über mehrere Spielzeiten weder Gegnern noch den Schiris auf. Übrigens teilten sich die Jungs auch lange einen Führerschein.